Bucătăria leneșilor

Rețete delicioase pentru gătitul lent și fără stres

Elena Popescu

Cuprins

chilli mac	10
Chili de porc cu legume	12
chili de sud-vest	13
mușchiu chili	15
chili cu rajas	16
Ardei habanero	18
Chile Rio Grande	19
Texas chili iute	21
chili italian	23
Mesquite Chicken Chili	25
Carne de Vită Chili Poblano	26
Tortilla cu chili ușoară	27
felii de tortilla	28
Chili Texas în doi pași	29
chili taco	30
Chipsuri Tortilla Coapte	31
crema de chili	32
chili mole	34
guacamole	35
chile verde	36
Smântână Chili Cilantro	37
chorizo mexican	38
Chili Chorizo Mexican	39
Brânză și Chile alb cu sos de roșii roșii	40
sos de rosii rosii	41
chili rancher	42

Cannellini cu dovleac galben și fasole chili 44
chili mediteranean 46
Chili cu Fasole 48
Chili de fasole albă și neagră 49
Chili cu fasole și bere 51
Chili de fasole condimentat cu Fusilli 52
Chile de Lentejas cu bacon și bere 54
Chili de legume și linte 55
Chili vegetarian cu fasole albă și neagră 56
Fasole chili și porumb dulce 57
chili fara carne 58
omletă cu chili 60
Cartofi Dulci Chipotle Chili 62
Ají de Artemisa cu roșii proaspete 63
Fasole neagră, orez și porumb dulce chilli 64
sos chili 65
chili din Caraibe 66
Sos de mango 68
Roast Beef cu fettuccine 69
Roast Beef Hrean Dip 71
sauerbraten 73
friptură într-o oală 75
cafea prăjită 76
Boeuf Bourguignon 77
piept la gratar 79
Sandvișuri cu carne la grătar 80
frecare cu condimente 81

Friptură de flanc umplută cu ciuperci 82
Sân în oală în bere 83
Flan de vita umplut cu legume 85
carbonnadă de vită 87
Rouladen 89
Rouladen italian 90
Ruladen în stil grecesc 91
Coaste înăbușite 92
Carne de vită condimentată cu hrean 92
friptură simplă 95
chifteluța italiană 97
Friptură de carne cu brânză 99
Friptură cu chutney și alune 101
Ou și sos de lămâie 103
Friptură de lămâie cu sos de ouă de lămâie 104
Pâine cu șuncă dulce-acrișoară 106
Carne ușoară cu vin și legume 108
frunze de varza umplute 109
Chiftele Florentine 111
Rigatoni cu chiftele de vinete 113
Chiftele de vinete 114
Creveți cu anghinare și ardei 115
Caserolă cu creveți și bame 116
Creveți creoli cu șuncă 117
Creveți cajun, porumb dulce și fasole 119
Creveți și cârnați Gumbo 121
Paste cu roșii proaspete și sos de ierburi 122

Risotto cu legume de iarnă *123*
Risotto cu porcini *124*
Risotto cu broccoli și nuci de pin *126*
Risi Bisi *127*
risotto de legume de vară *128*
Prajitura cu ou cu ciuperci si busuioc *129*
Coacerea legumelor la grătar *131*
lasagna stratificată *133*
Salata de paste cu vinete *134*
Paste de legume cu condimente *135*
Welsh rarebit *137*
Caserolă cu macaroane și roșii *138*
Penne cu patru brânzeturi *139*
Caserolă de legume pentru toate anotimpurile *140*
Chile cu atitudine *142*
Mix de Legume cu Topping Cobbler Chili *144*
Caserolă de legume *145*
Boabe de grâu cu linte *146*
Dovleac dulce-acru cu cartofi *147*
Ciuperci sălbatice cu Cannellini *149*
Caserola de legume cu bulghar *151*
Linte usturoi cu legume *153*
Linte cu cuscus condimentat *155*
cuscus condimentat *156*
Caserolă cu fasole neagră și legume *157*
Caserolă cu fasole și dovleac *159*
Fasole copioasă și orz cu spanac *160*

Caserolă de fasole dulci *161*
Tocană de fasole neagră și spanac *162*
Legume și fasole dulci, picante și picante *164*
Fasole de iarnă cu rădăcini *166*
Tofu condimentat cu legume *168*
Caserolă de vinete, ardei și bame *169*
Tortellini de legume italiene cu brânză *171*
Naut columbian *172*
Legume argentiniene *174*
Caserolă cu fasole și macaroane *176*
Naut cu ardei copti si mamaliga cremoasa *177*
Ratatouille cu feta aioli *179*
Aioli cu brânză feta *180*
Bame cu curry și porumb dulce cu cușcuș *181*
tajine de legume *182*
tofu spaniol *184*
Amestecul de legume cu couscous *185*
Caserolă africană de cartofi dulci *188*
pasta de condiment pentru usturoi *189*
stroganoff de legume *190*
Ragu de varză cu piure de cartofi adevărat *191*
Dovleac și gulaș de cartofi *193*
Fulgi de ovăz cu arțar V *195*
Cereale multicereale pentru micul dejun *196*
sos de mere gros *197*
Anghinare cu sos simulat olandez *198*
Sos olandez simulat *199*

Sparanghel italian și fasole albă 200
Fasole franțuzească în stil grecesc 201
Fasole franceză orientală 202
Caserolă cu fasole franțuzească 203
Fasole verde supremă 204
Fasole la cuptor de Santa Fe 205
Coacerea de fasole toscană 206
Coace de fasole neagră braziliană 207
Fasole la cuptor cu ghimbir 208
Sfecla de Dijon 210
sfecla rosie cu miere 211
Varza de Bruxelles glazurata cu zahar si ceapa primavara 212
Varză înăbușită la vin 213
cremă de varză 214
Piure de morcovi cu ghimbir 215
Piure de conopidă și fenicul 216
piure de țelină 217
Piure de broccoli cu ierburi 218
Morcovi baby glazurati portocalii 219

chilli mac

Acest chili nu are nevoie de alte acompaniamente, ceea ce îl face o masă minunat de ușoară.

Porți 8

450 g / 1 kg carne tocată slabă

ulei, pentru a lubrifia

2 cepe tocate

1 ardei verde tocat

2 catei de usturoi macinati

1-2 linguri praf de chili, sau dupa gust

2 lingurite chimen macinat

2 lingurite de oregano uscat

2 cutii de 14 oz / 400 g roșii tăiate cubulețe

Cutie de 400 g / 14 oz fasole roșie, scursă și clătită

175g / 6oz piure de roșii

175 ml / 6 fl oz de bere sau apă

1 lingura zahar brun deschis

1 lingura pudra de cacao

sare si piper negru proaspat macinat, dupa gust

200g / 7oz macaroane fierte cu cot

50 g / 2 oz brânză cheddar măruntită

2 arpagic, feliat

120 ml smantana

Gătiți carnea de vită într-o tigaie mare, unsă ușor cu ulei, la foc mediu, până când carnea se rumenește, aproximativ 10 minute, rupând-o cu o furculiță. Combinați carnea și toate celelalte ingrediente, cu excepția sării, piperului, macaroanelor, brânzei, cepilor și smântână, în aragazul lent. Acoperiți și gătiți la foc mic timp de 6 până la 8 ore. Puneți aragazul lent la mare putere, adăugați macaroane și 120 ml / 4 fl oz de apă și gătiți timp de 15 minute. Se asezoneaza dupa gust cu sare si piper. Presărați fiecare bol de chili cu brânză, ceai și smântână.

Chili de porc cu legume

Verdele cu frunze adaugă nutrienți și culoare acestui chili aromat.

Porți 8

700 g / 1 ½ lb carne macră de porc tocată

2 conserve de fasole de 14 oz / 400 g, scurse și clătite

2 cutii de 14 oz / 400 g roșii tăiate cubulețe

1 ceapa tocata

½ lingurita de scortisoara macinata

½ linguriță de chimen măcinat

½ – 1 lingurita fulgi de chili tocati

8 oz / 225 g kale sau spanac, tocat grosier

sare si piper negru proaspat macinat, dupa gust

Gătiți carnea de porc într-o tigaie mare unsă ușor cu ulei până se rumenește, aproximativ 10 minute, fulgând cu furculița. Combinați carnea de porc și ingredientele rămase, cu excepția varzei, sare și piper, în aragazul lent. Acoperiți și gătiți la foc mic timp de 6 până la 8 ore, adăugând kale în ultimele 20 de minute. Se asezoneaza dupa gust cu sare si piper.

chili de sud-vest

Dacă nu aveți un ardei jalapeno, un alt soi picant de chile se va descurca bine.

Porți 8

450 g / 1 kg carne tocată slabă
ulei, pentru a lubrifia
2 cepe tocate
1 ardei verde tocat
2 catei de usturoi macinati
1 ardei jalapeno, tocat fin
1-2 linguri praf de chili, sau dupa gust
2 lingurite chimen macinat
2 lingurite de oregano uscat
2 cutii de 14 oz / 400 g roșii tăiate cubulețe
Cutie de 400 g / 14 oz fasole neagră sau pinto, scursă și clătită
175g / 6oz piure de roșii
175 ml / 6 fl oz de bere sau apă
1 lingura zahar brun deschis
1 lingura pudra de cacao
sare si piper negru proaspat macinat, dupa gust
50 g / 2 oz brânză cheddar mărunțită
2 arpagic, feliat
120 ml smantana
coriandru proaspăt tocat, pentru a decora

Gătiți carnea de vită într-o tigaie mare, unsă ușor cu ulei, la foc mediu, până când carnea se rumenește, aproximativ 10 minute, rupând-o cu o furculiță. Combinați carnea și ingredientele rămase, cu excepția sării, piperului, brânzei, ceaiului și smântână, într-un cuptor lent. Acoperiți și gătiți la foc mic timp de 6 până la 8 ore. Se asezoneaza dupa gust cu sare si piper. Presărați fiecare bol de ardei iute cu brânză, arpagic, smântână și puțin coriandru.

mușchiu chili

Acest chili super ușor are carne de porc fragedă și slabă și roșii proaspete. Dacă preferați un răcoare mai puțin fierbinte, săriți peste pudra de chili și folosiți doar ardei iute proaspăt.

pentru 4 persoane

450 g / 1 liră muschiă de porc, tăiată cuburi (1 cm / ½ in)
400 ml / 14 fl oz bulion de vită
400 g / 14 oz cutie de fasole pinto, scursă și clătită
1 lb / 450g prune sau roșii coapte, feliate
2 jalapeños sau alte ardei iute medii, tocate mărunt
1 lingura pudra de chili (optional)
1 lingurita de seminte de chimion prajite
1 lingurita sos Worcestershire
sare si piper negru proaspat macinat, dupa gust

Combinați toate ingredientele, cu excepția sării și piperului, în aragazul lent. Acoperiți și gătiți la foc maxim timp de 4 până la 6 ore. Se asezoneaza dupa gust cu sare si piper.

chili cu rajas

Unii susțin că ardeii iute raja mirchi sunt cei mai tari din lume!

Porții 8

2 cepe

700 g / 1½ lb carne tocată slabă

2 conserve de fasole de 14 oz / 400 g, scurse și clătite

2 cutii de 14 oz / 400 g roșii tăiate cubulețe

½ linguriță de chimen măcinat

1-2 linguri praf de chili

½ – 1 lingurita fulgi de chili tocati

2 ardei iute poblano, feliați subțiri

1-2 linguri de ulei de măsline

sare si piper negru proaspat macinat, dupa gust

Tocați mărunt o ceapă. Gătiți carnea într-o tigaie mare ușor unsă cu ulei până se rumenește, aproximativ 10 minute, fulgând cu o furculiță. Combinați ingredientele rămase, cu excepția uleiului, sare, piper, ardei iute și ceapă rămasă, în aragazul lent. Acoperiți și gătiți la foc mic timp de 6 până la 8 ore. Ceapa rămasă se toacă mărunt. Gatiti cu ardei iute in ulei de masline intr-o tigaie la foc mediu pana se inmoaie si ceapa caramelizata, 15-20 de minute. Se condimentează amestecul de carne după gust cu sare și piper și amestecul de chili cu sare. Acoperiți amestecul de carne cu amestec de chili.

Ardei habanero

Înlocuiți ardeiul jalapeno dacă preferați o aromă mai blândă.

pentru 4 persoane

100g / 4oz cârnați de porc, înveliți
ulei, pentru a lubrifia
Cutie de 400 g / 14 oz roșii tăiate cubulețe
400g / 14oz fasole prăjită
1 ceapa mare tocata
1 ardei gras verde mediu, tocat
¼ – ½ habanero sau alt chile iute, tocat
1 lingură pudră de chili
1 lingurita chimen macinat
Sarat la gust
250 ml / 8 fl oz smântână

Gătiți cârnații într-o tigaie mică unsă ușor cu ulei până se rumenesc, aproximativ 5 minute, fulgând cu o furculiță. Combinați cârnații și ingredientele rămase, cu excepția sării și a smântânii, în slow cooker. Acoperiți și gătiți la foc mic timp de 4 până la 5 ore. Asezonați după gust cu sare. Se serveste cu smantana.

Chile Rio Grande

O mulțime de ceapă și o combinație de carne tăiată și tocată dau acestui chili multă aromă și textură.

pentru 12 persoane

450 g / 1 kg carne tocată slabă
900 g / 2 lb carne de porc slabă, tăiată cuburi (2 cm / ¾ in)
400 ml / 14 fl oz bulion de vită
2 conserve de 14 oz / 400 g fasole, scurse și clătite
2 cutii de 14 oz / 400 g roșii tăiate cubulețe
350 ml / 12 fl oz bere sau suc de roșii
4 oz / 100 g ardei iute verde dintr-un borcan, tocat
8 cepe tocate
6 catei de usturoi, macinati
25 g / 1 oz pudră de chili (opțional)
1 lingura chimen macinat
2 lingurite de oregano uscat
sare si piper negru proaspat macinat, dupa gust
1½ cantitate de smântână chili coriandru

Gătiți carnea de vită într-o tigaie mare, ușor unsă cu ulei, la foc mediu, până se rumenește, fulgând-o cu o furculiță. Combinați carnea și ingredientele rămase, cu excepția sării, piperului și a smântânii chili-coriandre, într-un aragaz lent de 9½ litri/5,5 litri. Acoperiți și gătiți la foc mic timp de 6 până la 8 ore. Se asezoneaza dupa gust cu sare si piper. Servește cu cârpuri de smântână chili coriandru.

Texas chili iute

Cârnații picante, ardeii iuți și o mulțime de condimente fac acest chili foarte bun.

Porți 8

12 oz / 350 g cârnați de porc picant, cu înveliș îndepărtat
1½ lbs / 700 g carne de vită tocată grosier
Cutie de 400 g / 14 oz roșii tăiate cubulețe
400 ml / 14 fl oz bulion de vită
400g / 14oz sos de roșii dintr-un borcan
Cutie de 400 g / 14 oz fasole roșie, scursă și clătită
14 oz / 400 g năut, scurs și clătit
4 oz / 100 g ardei iute verde tocat dintr-un borcan, cu lichid
1 ceapa mare tocata
1 jalapeno sau chile mediu, tocat
2 linguri praf de chili
½ linguriță de chimen măcinat
½ lingurita coriandru
1 lingură sos Worcestershire cu conținut scăzut de sodiu
sare si piper cayenne, dupa gust
Sos Tabasco, dupa gust

Gătiți cârnații și tocați într-o tigaie mare, ușor unsă cu ulei, la foc mediu, până se rumenesc, aproximativ 10 minute, despărțindu-se cu o furculiță. Combinați carnea și toate celelalte ingrediente, cu excepția sării, piperului cayenne și a sosului Tabasco, într-o oală lentă de 5,5 litri. Acoperiți și gătiți la foc mic timp de 6 până la 8 ore. Asezonați după gust cu sare, piper cayenne și sos Tabasco.

chili italian

Pepperoni picant este un adaos minunat la carnea de porc și vită.

Porți 8

12 oz / 350 g cârnați de porc picant, cu înveliș îndepărtat

600 g / 1 lb 6 oz carne tocată slabă

100 g / 4 oz pepperoni felii

Cutie de 400 g / 14 oz roșii tăiate cubulețe

400 ml / 14 fl oz bulion de vită

400g / 14oz sos de roșii dintr-un borcan

Cutie de 400 g / 14 oz fasole roșie, scursă și clătită

14 oz / 400 g năut, scurs și clătit

1 ceapa mare tocata

2 linguri praf de chili

1–1½ linguriță de condimente italiene uscate cu ierburi

1 lingură sos Worcestershire

Sarat la gust

ardei cayenne, dupa gust

Sos Tabasco, dupa gust

Gătiți cârnații și tocați într-o tigaie mare, ușor unsă cu ulei, la foc mediu, până se rumenesc, aproximativ 10 minute, despărțindu-se cu o furculiță. Combinați carnea și toate celelalte ingrediente, cu excepția sării, piperului cayenne și a sosului Tabasco, într-o oală lentă de 5,5 litri. Acoperiți și gătiți la foc mic timp de 6 până la 8 ore. Asezonați după gust cu sare, piper cayenne și sos Tabasco.

Mesquite Chicken Chili

Acest fel de mâncare Tex-Mex diferit și delicios îi va atrage pe cei aventuroși!

pentru 4 persoane

12 oz / 350 g fileuri de piept de pui fără piele, tăiate cubulețe
2 cutii de 14 oz / 400 g roșii tăiate cubulețe
Cutie de 400 g / 14 oz fasole roșie, scursă și clătită
8 oz / 225 g roșii, tocate grosier
2 cepe mici tocate
1 chile poblano, tocat
2 linguri praf de chili
2 lingurite de usturoi tocat
1 lingurita aroma de fum mezquite
sare si piper negru proaspat macinat, dupa gust

Combinați toate ingredientele, cu excepția sării și piperului, în aragazul lent. Acoperiți și gătiți la foc mic timp de 6 până la 8 ore. Se asezoneaza dupa gust cu sare si piper.

Carne de Vită Chili Poblano

Carnea de vită tocată, ardeiul iute și amestecul de condimente îl fac un favorit pe calea rapidă.

pentru 4 persoane

450 g / 1 lb carne macră de vită tocată
Cutie de 400 g / 14 oz roșii tăiate cubulețe
400 g / 14 oz cutie de fasole cannellini, scursă și clătită
1 ceapa mare tocata
1 poblano mic sau alt chile blând, tocat
1 tulpină de țelină tocată
Pachet de 39 g amestec de condimente pentru chili
Tortilla felii (vezi dreapta)

Combinați toate ingredientele, cu excepția Tortilla Wedges, în slow cooker. Acoperiți și gătiți la foc mic timp de 6 până la 8 ore. Se servesc cu Tortilla Wedges.

Tortilla cu chili ușoară

Chipsurile de tortilla adaugă crocant și textura aici.

Porți 8

225 g / 8 oz carne tocată slabă

ulei, pentru a lubrifia

900 ml / 1½ litri supă de vită

450 g / 1 kilogram preparat sos mediu sau blând

400 g / 14 oz cutie de fasole, scursă și clătită

4 cepe tocate

175g / 6oz porumb dulce, decongelat dacă este congelat

1 lingurita pudra de chili

100 g / 4 oz chipsuri tortilla, zdrobite

sare si piper negru proaspat macinat

50 g / 2 oz brânză cheddar mărunțită

Gătiți carnea într-o tigaie mare ușor unsă cu ulei la foc mediu până se rumenește, aproximativ 5 minute, fulgând cu o furculiță. Combinați carnea, bulionul, salsa, fasolea, ceapa, porumbul dulce și pudra de chili într-o oală lentă de 5,5 litri. Acoperiți și gătiți la foc mic timp de 6 până la 8 ore. Adăugați chipsurile tortilla. Se asezoneaza dupa gust cu sare si piper. Se presară cu brânză.

felii de tortilla

Delicios pentru a însoți mâncărurile mexicane.

Pentru 4 persoane ca garnitură

2 x 15 cm / 6 in tortilla de faina
1 oz / 25 g brânză chilli, rasă
25 g / 1 oz brânză cheddar rasă
3 arpagic feliat
25 g / 1 oz sos blând sau iute
smantana, pentru a decora

Pune tortilla pe o tava de copt. Se presară cu brânzeturile și arpagicul combinate. Coaceți la 230ºC / gaz 8 / cuptor ventilat 210ºC până când marginile tortillalor se rumenesc și brânza se topește, 5-7 minute. Tăiați fiecare tortilla în șase felii. Acoperiți fiecare cu 1 linguriță de sos și o prafă mică de smântână.

Chili Texas în doi pași

Carnea de porc și curcanul se reunesc în acest preparat simplu și aromat. Coriandru proaspăt adaugă un picant captivant.

pentru 4 persoane

225 g / 8 oz carne de porc macră tocată
225 g / 8 oz piept de curcan tocat
8 arpagic, feliat
ulei, pentru a lubrifia
400 g / 14 oz cutie de fasole chili, nedrenată
450g / 1lb roșii, tocate
1 jalapeño mic sau alt chile iute mediu, fără semințe și tocat
Sarat la gust
coriandru proaspăt tocat mărunt, pentru a decora

Gătiți carnea de porc, curcan și ceai verde într-o tigaie mare, ușor unsă cu ulei, la foc mediu, până când carnea se rumenește, aproximativ 8 minute, fulgând cu o furculiță. Combinați amestecul de carne și ingredientele rămase, cu excepția sării, în aragazul lent. Acoperiți și gătiți la foc mic timp de 5-6 ore. Asezonați după gust. Stropiți fiecare bol de supă cu coriandru proaspăt.

chili taco

Porumbul poate fi găsit la piețele etnice sau de la vânzătorii de specialitate, sau puteți adăuga o cutie de fasole cannellini.

Porții 8

900 g / 2 lbs de carne slabă tocată
ulei, pentru a lubrifia
400 g / 14 oz cutie de fasole pinto, scursă și clătită
400 g / 14 oz de ciupercă, scurs și clătit
Cutie de 400 g / 14 oz roșii tăiate cubulețe, nescurcate
275 g / 10 oz conserve de roșii chili tăiate cubulețe, cu suc
8 oz / 225 g porumb dulce la conserva, scurs
1 ceapa mare tocata
2 tulpini de telina tocate
pachet de 35 g de amestec de condimente pentru taco
1 cățel de usturoi zdrobit
½ linguriță de cimbru uscat
garnituri: smântână, brânză cheddar mărunțită, chipsuri taco

Gătiți carnea de vită într-o tigaie mare, unsă ușor cu ulei, până se rumenește, aproximativ 10 minute, despărțindu-se cu o furculiță. Combinați carnea și ingredientele rămase într-un cuptor lent. Acoperiți și gătiți la foc mic timp de 6 până la 8 ore. Serviți cu garniturile.

Chipsuri Tortilla Coapte

Fă-ți propriile chipsuri tortilla, este atât de ușor.

Pentru 6 persoane ca garnitură

6 x 15 cm / 6 in tortilla de porumb
spray de legume pentru gătit
un praf de chimen macinat
un praf de chili pudră
un praf de oregano uscat
un praf de boia
sare si piper cayenne, dupa gust

Tăiați fiecare tortilla în opt felii. Aranjați într-un singur strat pe o tavă de copt. Pulverizați tortilla cu spray de gătit. Presărați ușor ierburile combinate, boia de ardei, sare și piper cayenne. Coaceți la 180ºC / gaz 4 / cuptor ventilat 160ºC până devin ușor aurii, 5-7 minute.

crema de chili

Un chili puțin diferit, făcut cu supă conservată!

pentru 6

450 g fileuri de piept de pui fără piele, tăiate cuburi (2 cm / ¾ in)

275 g / 10 oz crema de pui preparata

120 ml / 4 fl oz sos de roșii preparat

1 ceapa tocata

3 arpagic tocat

½ ardei gras rosu tocat

1 jalapeño mic sau alt chile iute mediu, fără semințe și tocat mărunt

2 catei de usturoi macinati

4 oz / 100 g ardei iute verde tocat dintr-un borcan, scurs

1 lingură pudră de chili

½ linguriță de chimen măcinat

250 ml / 8 fl oz lapte semi-degresat

sare si piper negru proaspat macinat, dupa gust

2 oz / 50 g brânză Monterey Jack sau Cheddar, rasă

Chipsuri de tortilla la cuptor (vezi stânga)

Combinați toate ingredientele, cu excepția laptelui, sării, piperului, brânzei și chipsurilor tortilla coapte, în aragazul lent. Acoperiți și gătiți la foc mic timp de 6 până la 8 ore, adăugând laptele în ultimele 20 de minute. Se asezoneaza dupa gust cu sare si piper.

Stropiți fiecare bol de chili cu brânză. Serviți cu chipsuri tortilla coapte.

chili mole

Acest chili are aromele interesante ale unei aluniţe tradiţionale mexicane. Utilizaţi carne de pui, porc sau vită sau o combinaţie a tuturor celor trei cărni.

pentru 6

450 g / 1 lb carne de porc slabă, slabă, tăiată cubuleţe
250 ml / 8 fl oz bulion de pui
Cutie de 400 g / 14 oz roşii tăiate cubuleţe
Cutie de 400 g / 14 oz fasole neagră, scursă şi clătită
sos de aluniţe
sare si piper negru proaspat macinat, dupa gust
Guacamole (vezi mai jos)
coriandru proaspăt tocat mărunt, pentru a decora

Combinaţi toate ingredientele, cu excepţia sarii, piperului şi guacamole, în aragazul lent. Acoperiţi şi gătiţi la foc mic timp de 6 până la 8 ore. Se asezoneaza dupa gust cu sare si piper. Acoperiţi fiecare bol de chili cu guacamole. Stropiţi generos cu coriandru proaspăt.

guacamole

Tradițional cu mâncăruri cu chili.

Pentru 6 persoane ca garnitură

1 avocado copt, tocat grosier
½ ceapa mica, tocata marunt
½ jalapeño sau alt chile la foc mediu, fără semințe și tocat mărunt
1 lingura coriandru proaspat tocat marunt
Sos Tabasco, dupa gust
Sarat la gust

Amestecați avocado, ceapa, ardei iute și coriandru. Asezonați după gust cu sos Tabasco și sare.

chile verde

Acest „chile verde" este făcut cu tomate, numite și roșii verzi mexicane. Sunt disponibile la conserve la piețele etnice și la vânzătorii de specialități.

Porți 8

450 g / 1 lb carne de porc slabă dezosată, tăiată cuburi (1 cm / ½ inch)
900 ml / 1½ litri bulion de pui
2 conserve de 14 oz / 400 g fasole cannellini, scurse și clătite
100–225 g / 4–8 oz ardei iute verde dintr-un borcan, tăiat cubulețe
250 ml / 8 fl oz de apă
2 lbs / 900 g conserve de tomate, tăiate în sferturi
2 cepe mari, feliate subțiri
6 până la 8 căței de usturoi, tocați
2 lingurite chimen macinat
1 oz / 25 g coriandru proaspăt, tocat
Smântână de coriandru și chili (vezi mai jos)

Combinați toate ingredientele, cu excepția coriandrului și a smântânii chili cu coriandru, într-o oală lentă de 9½ litri/5,5 litri. Acoperiți și gătiți la foc mic timp de 6 până la 8 ore. Adăugați coriandru. Serviți cu smântână chili coriandru.

Smântână Chili Cilantro

Excelent cu preparate picante.

Serveşte 8 ca o garnitură

120 ml smantana
1 lingură coriandru proaspăt tocat
1 linguriţă jalapeno murat tocat sau alt chile iute mediu

Combinaţi toate ingredientele.

chorizo mexican

Aceasta nu este o rețetă de slow cooker, dar formează baza multor feluri de mâncare delicioase, precum cel de mai jos.

pentru 6

½ linguriță de semințe de coriandru, zdrobite
½ linguriță de semințe de chimen, zdrobite
ulei, pentru a lubrifia
2 ardei iute ancho sau alte ardei iute mediu
700 g / 1½ lb muschi de porc, tocat marunt sau tocat
4 catei de usturoi, macinati
2 linguri boia de ardei
2 linguri de otet de cidru
2 linguri de apa
1 lingurita oregano uscat
½ lingurita sare

Gătiți coriandru și semințele de chimen într-o tigaie mică, unsă ușor cu ulei, la foc mediu, amestecând des până se prăjesc, 2-3 minute. Scoateți din tavă și lăsați deoparte. Adăugați ardei iute ancho în tigaie. Gătiți la foc mediu până se înmoaie, aproximativ 1 minut pe fiecare parte, întorcând frecvent ardeiul ardei pentru a nu se arde. Îndepărtați și aruncați tulpinile, venele și semințele. Tocați mărunt. Combinați toate ingredientele, amestecând bine.

Chili Chorizo Mexican

Chorizo poate fi folosit în multe rețete mexicane sau poate fi format în empanadas și gătit ca fel principal pentru cină.

pentru 6

Chorizo mexican (vezi mai sus)
1 ceapa tocata
ulei, pentru a lubrifia
2 cutii de 14 oz / 400 g roșii tăiate cubulețe
2 conserve de 14 oz / 400 g fasole pinto sau neagră, scursă și clătită
sare si piper dupa gust

Gătiți chorizo și ceapa mexican într-o tigaie mare, ușor unsă cu ulei, la foc mediu, până se rumenesc, 8 până la 10 minute, rupându-le cu o furculiță. Combinați chorizo și restul ingredientelor, cu excepția sării și piperului, în slow cooker. Acoperiți și gătiți la foc mic timp de 4 până la 6 ore. Se asezoneaza dupa gust cu sare si piper.

Brânză și Chile alb cu sos de roșii roșii

Acest chili alb este făcut extra cremos cu adaos de smântână și brânză Monterey Jack sau Cheddar.

Porți 8

700 g / 1½ lb file de piept de pui fără piele, tăiate cubulețe
2 conserve de 14 oz / 400 g fasole cannellini, scurse și clătite
400 ml / 14 fl oz bulion de pui
100g / 4oz ardei iute verde tăiat cubulețe dintr-un borcan, scurs
4 cepe tocate
1 lingura de usturoi tocat
1 lingura oregano uscat
1 lingurita chimen macinat
250 ml / 8 fl oz smântână
8 oz / 225 g brânză Monterey Jack sau Cheddar, măruntită
sare si piper cayenne, dupa gust
sos de rosii rosii

Combinați toate ingredientele, mai puțin smântâna, brânza, sarea, piperul cayenne și sosul de roșii roșii, în aragazul lent. Acoperiți și gătiți la foc mic timp de 6 până la 8 ore. Adaugam smantana si branza, amestecand pana se topeste branza. Asezonați după gust cu sare și piper cayenne. Serviți cu sos de roșii roșii.

sos de rosii rosii

Un sos grozav cu o notă picant.

Serveşte 8 ca o garnitură

2 rosii mari, tocate
1 ceapa mica tocata marunt
1 ardei gras verde tocat marunt
2 linguri chile poblano sau alt chile blând tocat mărunt
1 căţel de usturoi zdrobit
2 linguri coriandru proaspăt tocat mărunt
Sarat la gust

Se amestecă toate ingredientele, se condimentează după gust cu sare.

chili rancher

Un ardei iute consistent, cu arome ale Vestului Sălbatic. Cu siguranță unul pentru băieți!

pentru 6

450 g / 1 kg carne tocată slabă
100g / 4oz cârnați afumati, feliați
ulei, pentru a lubrifia
600 ml / 1 litru supă de vită
250 ml de bere sau supă de vită suplimentară
1 kilogram / 450 g roșii tăiate cubulețe, nescurcate
400 g / 14 oz conserve de fasole cu sos chili
400 g / 14 oz cutie de fasole pinto, scursă și clătită
1 ceapa tocata
1 ardei verde tocat
1 ardei jalapeno, tocat fin
3 căței mari de usturoi, zdrobiți
1 lingura chimen macinat
3 linguri praf de chili, sau dupa gust
1 lingurita oregano uscat
sare si piper negru proaspat macinat
smantana, pentru a decora

Gătiți carnea și cârnații într-o tigaie unsă cu ulei la foc mediu până se rumenesc, aproximativ 8 minute, fulgând cu o furculiță. Combinați cu ingredientele rămase, cu excepția sării și piperului, în aragazul lent. Acoperiți și gătiți la foc mic timp de 6 până la 8 ore. Se asezoneaza dupa gust cu sare si piper. Acoperiți fiecare porție cu o lingură de smântână.

Cannellini cu dovleac galben și fasole chili

Ambalat cu legume și carne de porc, acest chili vibrant este o masă bună de familie. Puteți folosi dovlecel galben în loc de dovleac.

pentru 6

450 g / 1 lb carne de porc macră tocată
ulei, pentru a lubrifia
1 litru / 1¾ litri bulion de pui
250 ml / 8 fl oz vin alb uscat sau supă de pui
100 g / 4 oz fasole cannellini uscate
100 g / 4 oz năut uscat
2 cepe tocate
1 ardei gras galben tocat
100g / 4oz praz, feliat subțire
175g / 6oz dovleac galben de vară, ca o chiflă, tăiat cubulețe
175g / 6oz cartofi cerati, curatati si taiati cubulete
2 catei de usturoi macinati
2 lingurițe jalapeno tocate mărunt sau alt chili iute mediu
2 lingurițe de semințe de chimen
1 lingurita oregano uscat
1 lingurita pudra de chili
½ lingurita coriandru macinat
½ lingurita de scortisoara macinata
1 frunză de dafin
sare si piper negru proaspat macinat, dupa gust

1 roșie mică, tocată mărunt

2 arpagic, feliat subțire

3 linguri coriandru proaspăt tocat mărunt

Gătiți carnea de porc într-o tigaie mare ușor unsă cu ulei până se rumenește, aproximativ 8 minute, fulgând cu o furculiță. Combinați carnea de porc și toate celelalte ingrediente, cu excepția sare, piper, roșii tăiate cubulețe, ceai verde și coriandru proaspăt, într-un cuptor lent de 5,5 litri/9½ litri. Acoperiți și gătiți la foc mic până când fasolea este fragedă, 7 până la 8 ore. Se asezoneaza dupa gust cu sare si piper. Aruncați frunza de dafin. Presărați fiecare bol de chili cu roșii, ceai verde și coriandru proaspăt.

chili mediteranean

Această variantă a unei rețete standard de chili este plină cu legume și leguminoase sănătoase.

pentru 6

450 g / 1 lb miel sau carne de vită tocată slabă
ulei, pentru a lubrifia
1 litru / 1¾ litri bulion de pui
250 ml / 8 fl oz vin alb uscat sau supă de pui
100 g / 4 oz fasole cannellini uscate
100 g / 4 oz năut uscat
2 cepe tocate
1 ardei gras galben tocat
200g / 7oz Kalamata sau alte măsline negre, feliate
100g / 4oz praz, feliat subțire
6 oz / 175 g dovleac galben de vară, cum ar fi o chiflă sau dovlecel galben, tăiați cubulețe
175g / 6oz cartofi cerati, curatati si taiati cubulete
2 catei de usturoi macinati
2 lingurițe jalapeno tocate mărunt sau alt chili iute mediu
2 lingurițe de semințe de chimen
1 lingurita oregano uscat
1 lingurita pudra de chili
½ lingurita coriandru macinat
½ lingurita de scortisoara macinata

1 frunză de dafin

sare si piper negru proaspat macinat, dupa gust

175 g / 6 oz cuşcuş

1 roşie mică, tocată mărunt

2 arpagic, feliat subţire

3 linguri coriandru proaspăt tocat mărunt

6 linguri de brânză feta mărunţită

Gătiţi mielul sau viţelul într-o tigaie mare unsă uşor cu ulei până se rumeneşte, aproximativ 8 minute, fulgând cu o furculiţă. Combinaţi carnea şi ingredientele rămase, cu excepţia sării, piperului, roşiilor tăiate cubuleţe, a ceaiului verde, a coriandru proaspăt, a cuşcuşului şi a feta, într-o oală lentă de 5,5 litri. Acoperiţi şi gătiţi la foc mic până când fasolea este fragedă, 7 până la 8 ore. Se asezoneaza dupa gust cu sare si piper. Pregătiţi cuşcuşul conform instrucţiunilor de pe ambalaj. Aruncaţi frunza de dafin din amestecul de chili. Serviţi chilli peste cuşcuş şi presăraţi fiecare porţie cu roşii, ceai verde, coriandru proaspăt şi brânză feta.

Chili cu Fasole

Acest chili simplu de vită și curcan este grozav pentru a veni acasă la sfârșitul unei zile pline.

Porții 8

450 g / 1 kg carne tocată slabă
450 g / 1 kg curcan tocat
ulei, pentru a lubrifia
2 cepe mari, tocate
3 catei de usturoi, macinati
175g / 6oz piure de roșii
1¼ lbs / 550 g sos de roșii cu ierburi dintr-un borcan
2 conserve de fasole de 14 oz / 400 g, scurse și clătite
2 linguri praf de chili, sau dupa gust
1 lingurita oregano uscat
sare si piper negru proaspat macinat, dupa gust

Gătiți carnea de vită și curcanul într-o tigaie mare, ușor unsă cu ulei, la foc mediu, până când carnea se rumenește, aproximativ 10 minute, rupând carnea cu o furculiță. Combinați carnea și ingredientele rămase, cu excepția sării și piperului, într-un cuptor lent. Acoperiți și gătiți la foc mic timp de 6 până la 8 ore. Se asezoneaza dupa gust cu sare si piper.

Chili de fasole albă și neagră

Făcut cu fasole neagră și cannellini, acest chili este accentuat în aromă și culoare cu roșii uscate la soare.

pentru 4 persoane

350 g / 12 oz carne tocată slabă
ulei, pentru a lubrifia
2 cutii de 14 oz / 400 g roșii tăiate cubulețe
400 g / 14 oz cutie de fasole cannellini, scursă și clătită
Cutie de 400 g / 14 oz fasole neagră sau fasole, scursă și clătită
2 cepe tocate
½ ardei verde tocat
15 g roșii uscate la soare (nu în ulei), tocate
1 jalapeño sau alt ardei iute mediu, tocat fin
2 catei de usturoi macinati
2-3 linguri pudra de chili, sau dupa gust
1–1½ linguriță de chimen măcinat
1–1½ linguriță de oregano uscat
1 frunză de dafin
sare si piper negru proaspat macinat, dupa gust
15 g / ½ oz coriandru proaspăt, tocat mărunt

Gătiți carnea într-o tigaie mare ușor unsă cu ulei la foc mediu până se rumenește, 8 până la 10 minute, fulgând cu o furculiță. Combinați carnea și ingredientele rămase, cu excepția sării, piperului și a coriandrului proaspăt, în aragazul lent. Acoperiți și gătiți la foc mic timp de 6 până la 8 ore. Aruncați frunza de dafin. Se asezoneaza dupa gust cu sare si piper. Adăugați coriandru proaspăt.

Chili cu fasole și bere

Acest chili este foarte ușor de făcut. Berea adaugă bogăție sosului, care se îmbunătățește atunci când este gătită mult timp.

pentru 6

450 g / 1 kg carne tocată slabă

ulei, pentru a lubrifia

600 ml / 1 litru supă de vită

250 ml de bere

1 kilogram / 450 g roșii tăiate cubulețe, nescurcate

400 g / 14 oz conserve de fasole cu sos chili

400 g / 14 oz cutie de fasole pinto, scursă și clătită

3 căței mari de usturoi, zdrobiți

1 lingura chimen macinat

3 linguri praf de chili, sau dupa gust

1 lingurita oregano uscat

sare si piper negru proaspat macinat, dupa gust

Gătiți carnea de vită într-o tigaie mare, ușor unsă cu ulei, la foc mediu, până se rumenește, aproximativ 8 minute, despărțindu-se cu o furculiță. Combinați carnea de vită și restul ingredientelor, cu excepția sării și a piperului, într-un cuptor lent. Acoperiți și gătiți la foc mic timp de 6 până la 8 ore. Se asezoneaza dupa gust cu sare si piper.

Chili de fasole condimentat cu Fusilli

Folosește-ți fasolea preferată și formele de paste în acest chili versatil.

Porți 8

450 g / 1 kg carne tocată slabă
ulei, pentru a lubrifia
2 conserve de 14 oz / 400 g roșii tăiate cubulețe cu usturoi
400 g / 14 oz cutie de năut, scurs și clătit
Cutie de 400 g / 14 oz fasole roșie, scursă și clătită
4 cepe tocate
100g / 4oz ciuperci, feliate
1 tulpină de țelină, feliată
120 ml / 4 fl oz vin alb sau apă
2 linguri praf de chili, sau dupa gust
¾ linguriță de oregano uscat
¾ linguriță de cimbru uscat
¾ linguriță de chimen măcinat
225g / 8oz fusilli, fierte
sare si piper negru proaspat macinat, dupa gust
3-4 linguri măsline verzi sau negre feliate

Gătiți carnea într-o tigaie mare ușor unsă cu ulei la foc mediu până se rumenește, 8 până la 10 minute, fulgând cu o furculiță.
Combinați carnea și ingredientele rămase, cu excepția fusilli, sare, piper și măsline, într-o oală lentă de 5,5 litri. Acoperiți și gătiți la foc mic timp de 6 până la 8 ore, adăugând pastele în ultimele 20 de minute. Se asezoneaza dupa gust cu sare si piper. Stropiți fiecare bol de supă cu măsline.

Chile de Lentejas cu bacon și bere

Lime, bere și bacon fac acest chili diferit și delicios.

pentru 4 persoane

750 ml / 1¼ litri bulion de vită

250 ml / 8 fl oz bere sau supă de vită

75g / 3oz linte uscată, clătită

3 oz / 75 g fasole neagră uscată, clătită

1 ceapa medie tocata

3 căței mari de usturoi, zdrobiți

1 lingură jalapeño tocat mărunt sau alt chili iute mediu

1 lingură pudră de chili

1 lingurita chimen macinat

1 lingurita rozmarin uscat, zdrobit

8 oz / 225 g conserve de roșii tăiate cubulețe

Suc de 1 lime

sare si piper negru proaspat macinat, dupa gust

4 bucăți de bacon, fierte până devin crocante și sfărâmicioase

Combinați toate ingredientele, cu excepția roșiilor, sucul de lămâie, sare, piper și bacon, în aragazul lent. Acoperiți și gătiți la foc mare până când fasolea este fragedă, 5 până la 6 ore, adăugând roșiile în ultimele 30 de minute. Adăugați sucul de lămâie. Se asezoneaza dupa gust cu sare si piper. Stropiți fiecare bol de chili cu slănină.

Chili de legume și linte

Lintea adaugă o textură excelentă acestui chili hrănitor și satisfăcător fără carne.

pentru 4 persoane

1 litru / 1¾ litri bulion de legume

250 ml / 8 fl oz de apă

Cutie de 400 g / 14 oz roșii tăiate cubulețe

4½ oz / 130 g linte maro uscată

100 g / 4 oz porumb dulce, decongelat dacă este congelat

2 cepe tocate

1 ardei gras rosu sau verde tocat

1 morcov mic, feliat

½ tulpină de țelină, feliată

1 cățel de usturoi zdrobit

½ – 1 lingură pudră de chili

¾ linguriță de chimen măcinat

1 frunză de dafin

sare si piper negru proaspat macinat, dupa gust

Combinați toate ingredientele, cu excepția sării și piperului, în aragazul lent. Acoperiți și gătiți la foc mic timp de 6 până la 8 ore. Aruncați frunza de dafin. Se asezoneaza dupa gust cu sare si piper.

Chili vegetarian cu fasole albă și neagră

Fasolea albă și neagră conferă acestui ardei iute vegetarian un aspect și o textură atractive. Aroma sa caldă provine din semințele de chimen prăjite.

pentru 4 persoane

450 ml / ¾ litru suc de roșii
250 ml / 8 fl oz bulion de legume
2 linguri piure de rosii
Cutie de 400 g / 14 oz fasole neagră, scursă și clătită
400 g / 14 oz cannellini sau fasole verde, scurse și clătite
1 ceapa tocata
1 ardei iute, fără semințe și tocat mărunt
1 lingurita boia
1 lingurita de seminte de chimion prajite
50g / 2oz orez sălbatic, fiert
sare si piper negru proaspat macinat, dupa gust

Combinați toate ingredientele, cu excepția orezului sălbatic, sarea și piperul, în aragazul lent. Acoperiți și gătiți la foc mic timp de 6 până la 8 ore, adăugând orezul sălbatic în ultimele 30 de minute. Se asezoneaza dupa gust cu sare si piper.

Fasole chili și porumb dulce

Acest chili ușor este cu adevărat picant! Pentru o versiune mai puțin condimentată, înlocuiți boabele chili cu o cutie de fasole pinto sau fasole scură și clătită.

pentru 4 persoane

400 g / 14 oz cutie de fasole chili
250 ml / 8 fl oz bulion de legume
Cutie de 400 g / 14 oz roșii tăiate cubulețe
1 ardei verde tocat
100 g / 4 oz porumb dulce, decongelat dacă este congelat
1 ceapa tocata
2 catei de usturoi macinati
1-3 lingurițe de chili pudră
sare si piper negru proaspat macinat, dupa gust

Combinați toate ingredientele, cu excepția sării și piperului, în aragazul lent. Acoperiți și gătiți la foc mic timp de 6 până la 8 ore. Se asezoneaza dupa gust cu sare si piper.

chili fara carne

Varietatea de toppinguri face ca acest chili să fie distractiv de servit; adăugați și alte toppinguri, cum ar fi ardei gras și roșii tăiate cubulețe și oregano proaspăt tocat sau coriandru proaspăt.

Serve de la 6 la 8

6 conserve de 14 oz / 400 g roșii tăiate cubulețe
Cutie de 400 g / 14 oz fasole roșie, scursă și clătită
175g / 6oz piure de roșii
175 ml / 6 fl oz de bere sau apă
350 g / 12 oz Quorn sau carne tocată de soia cu aromă
2 cepe tocate
1 ardei verde tocat
2 catei de usturoi macinati
1 lingura zahar brun deschis
1 lingura pudra de cacao
1-2 linguri praf de chili
1-2 lingurite de chimen macinat
1-2 lingurite de oregano uscat
¼ linguriță cuișoare măcinate
sare si piper negru proaspat macinat, dupa gust
Topping: brânză mărunțită, smântână, ceapă primăvară tăiată subțire

Combinați toate ingredientele, cu excepția sării și piperului, într-o oală lentă de 5,5 litri/9½ litri. Acoperiți și gătiți la foc mic timp de 6 până la 8 ore. Se asezoneaza dupa gust cu sare si piper. Se serveste cu sosurile.

omletă cu chili

Un fel de mâncare gustoasă de roșii presărată cu chipsuri tortilla.

Serve de la 6 la 8

6 conserve de 14 oz / 400 g roșii tăiate cubulețe
Cutie de 400 g / 14 oz fasole neagră sau pinto, scursă și clătită
175g / 6oz piure de roșii
175 ml / 6 fl oz de bere sau apă
350 g / 12 oz Quorn sau carne tocată de soia cu aromă
2 cepe tocate
1 jalapeño sau alt ardei iute mediu, tocat fin
1 ardei verde tocat
2 catei de usturoi macinati
1 lingura zahar brun deschis
1 lingura pudra de cacao
1-2 linguri praf de chili
1-2 lingurite de chimen macinat
1-2 lingurite de oregano uscat
¼ linguriță cuișoare măcinate
sare si piper negru proaspat macinat, dupa gust
chipsuri de tortilla zdrobite și frunze de coriandru proaspăt tocate, ornat

Combinați toate ingredientele, mai puțin sarea, piperul și garniturile, într-o oală lentă de 5,5 litri/9½ litri. Acoperiți și gătiți la foc mic timp de 6 până la 8 ore. Se asezoneaza dupa gust cu sare si piper. Se serveste presarata cu chipsuri tortilla si coriandru.

Cartofi Dulci Chipotle Chili

Dacă sunteți un fan al mâncărurilor mexicane, poate doriți să adăugați ardei chipotle (ardei jalapeño uscați și afumati) în sos adobo în dulapul magazinului dvs. Sunt disponibile prin furnizori specializati. Gustați înainte de a adăuga altele, deoarece pot fi foarte fierbinți!

pentru 4 persoane

2 conserve de 14 oz / 400 g fasole neagră, scursă și clătită
Cutie de 400 g / 14 oz roșii tăiate cubulețe
250 ml / 8 fl oz apă sau supă de legume
500g / 18oz cartofi dulci, curățați și tăiați cuburi
2 cepe tocate
1 ardei verde tocat
1 cm / ½ în bucată de rădăcină proaspătă de ghimbir, ras fin
1 cățel de usturoi zdrobit
1 lingurita de seminte de chimion, zdrobite
½ – 1 chile chipotle mic în sos adobo, tocat
Sarat la gust

Combinați toate ingredientele, cu excepția ardeiului chipotle și a sarii, în aragazul lent. Acoperiți și gătiți la foc mic timp de 6 până la 8 ore, adăugând ardeiul chipotle în ultimele 30 de minute. Asezonați după gust cu sare.

Ají de Artemisa cu roșii proaspete

Roșiile proaspete și salvie uscată dau acestui chili o întorsătură diferită. Alege roșii coapte care sunt de sezon pentru cea mai bună aromă.

pentru 4 persoane

2 conserve de 14 oz / 400 g de mazăre cu ochi negri, scurse și clătite
750 g / 1¾ lb roșii, tăiate felii
4 arpagic, feliat
8 catei de usturoi, feliati subtiri
1 ardei iute mare, roșu, prăjit, fără semințe și tocat mărunt
½ – 2 linguri praf de chili
1 lingurita chimen macinat
1 lingurita coriandru macinat
¾ linguriță de salvie uscată
sare si piper negru proaspat macinat, dupa gust

Combinați toate ingredientele, cu excepția sării și piperului, în aragazul lent. Acoperiți și gătiți la foc mic timp de 8 până la 9 ore. Se asezoneaza dupa gust cu sare si piper.

Fasole neagră, orez și porumb dulce chilli

Pentru un gust din bucătăria mexicană, folosiți fasole neagră în acest chili vegetarian rapid și simplu, dar și fasolea va funcționa.

pentru 4 persoane

2 cutii de 14 oz / 400 g roșii tăiate cubulețe
Cutie de 400 g / 14 oz fasole neagră, scursă și clătită
50g / 2oz porumb dulce, decongelat dacă este congelat
3 cepe tocate
1 ardei gras rosu mare, tocat
1 jalapeño sau alt ardei iute mediu, tocat fin
3 catei de usturoi, macinati
½ – 1 lingură pudră de chili
1 linguriță de ienibahar măcinat
25g / 1oz orez, fiert
sare si piper negru proaspat macinat, dupa gust

Combinați toate ingredientele, cu excepția orezului, sării și piperului, în aragazul lent. Acoperiți și gătiți la foc mic timp de 8 până la 9 ore, adăugând orezul în ultimele 15 minute. Se asezoneaza dupa gust cu sare si piper.

sos chili

Sosul preparat este la îndemână de păstrat în dulapul de la magazin pentru a adăuga savoare și textura unor feluri de mâncare ca acesta.

pentru 4 persoane

Cutie de 400 g / 14 oz roșii tăiate cubulețe
Cutie de 400 g / 14 oz fasole roșie, scursă și clătită
250 ml / 8 fl oz de apă
120 ml / 4 fl oz sos mediu sau iute preparat
50g / 2oz porumb dulce, decongelat dacă este congelat
½ – 1 lingură pudră de chili
½ – 1 lingurita jalapeno sau alt chile iute mediu, tocat marunt
3½ oz / 90 g orz perlat
sare si piper negru proaspat macinat, dupa gust
50g / 2oz brânză cheddar matură, rasă

Combinați toate ingredientele, cu excepția orzului, sării, piperului și brânzei, în aragazul lent. Acoperiți și gătiți la foc mic timp de 6 până la 8 ore, adăugând orzul în ultimele 40 de minute. Se asezoneaza dupa gust cu sare si piper. Stropiți fiecare vas cu brânză rasă.

chili din Caraibe

Acest chili consistent, fără carne, cu trei fasole este accentuat cu salsa de mango. Serviți cu orez brun, dacă doriți.

pentru 6

2 cutii de 14 oz / 400 g roșii tăiate cubulețe
400 g / 14 oz cutie de fasole pinto, scursă și clătită
400 g / 14 oz cutie de fasole cannellini, scursă și clătită
Cutie de 400 g / 14 oz fasole neagră, scursă și clătită
2 ardei gras rosii sau verzi, tocati
2 cepe tocate
1 jalapeño sau alt ardei iute mediu, tocat fin
2 cm / ¾ bucăți de rădăcină proaspătă de ghimbir, ras fin
2 lingurite de zahar
3 căței mari de usturoi, zdrobiți
1 lingura chimen macinat
2 linguri boia de ardei
½ – 2 linguri praf de chili
¼ linguriță cuișoare măcinate
1 lingura suc de lamaie
sare si piper negru proaspat macinat, dupa gust
Sos de mango (vezi mai jos)

Combinați toate ingredientele, cu excepția sarii, piperului și salsa de mango, într-o oală lentă de 5,5 litri/9½ litri. Acoperiți și gătiți la foc mic timp de 6 până la 8 ore. Se asezoneaza dupa gust cu sare si piper. Serviți cu salsa de mango.

Sos de mango

Un sos delicios dulce și picant pentru a însoți mâncărurile picante.

Pentru 6 persoane ca garnitură

1 mango cubulete
1 banana taiata cubulete
15 g / ½ oz coriandru proaspăt, tocat
½ jalapeño mic sau alt chile iute mediu, tocat fin
1 lingura suc concentrat de ananas sau portocale
1 lingurita suc de lamaie

Combinați toate ingredientele.

Roast Beef cu fettuccine

Tăiați felii această friptură perfect gătită și serviți cu fettuccine.

Porții 8

1 carne de vită dezosată, ca vârf (aproximativ 1,5 kg / 3 lbs)
sare si piper negru proaspat macinat, dupa gust
2 cepe feliate
120 ml / 4 fl oz bulion de vită
50 g / 2 oz petits pois congelați, dezghețați
1 lingura faina de porumb
2 linguri de apa
2 oz / 50 g parmezan sau brânză Romano, proaspăt rasă
450 g / 1 kg fettuccine, fierte, fierbinți

Presărați ușor carnea cu sare și piper. Puneți în aragazul lent cu ceapa și bulionul. Introduceți un termometru pentru carne, astfel încât vârful să fie în centrul fripturii. Acoperiți și gătiți la foc mic până când un termometru pentru carne înregistrează 68 °C pentru a găti la foc mediu, aproximativ 4 ore. Scoateți pe un platou de servire și acoperiți lejer cu folie de aluminiu.

Adăugați mazărea în aragazul lent. Acoperiți și gătiți la foc mare timp de 10 minute. Adăugați făina de porumb combinată și apă, amestecând timp de 2-3 minute. Adăugați brânza. Se asezoneaza dupa gust cu sare si piper. Se amestecă cu fettuccine și se servește cu carnea.

Roast Beef Hrean Dip

Puteți folosi brânză Romano în loc de parmezan dacă preferați. Utilizați mai mult sau mai puțin hrean în funcție de gustul dvs.

Porți 8

1 carne de vită dezosată, ca vârf (aproximativ 1,5 kg / 3 lbs)
sare si piper negru proaspat macinat, dupa gust
2 cepe feliate
120 ml / 4 fl oz bulion de vită
50 g / 2 oz petits pois congelați, dezghețați
1 lingura faina de porumb
2 linguri de apa
50 g/2 oz parmezan proaspăt ras
2 linguri de hrean preparat
un praf generos de piper cayenne
8 fl oz / 250 ml frișcă

Presărați ușor carnea cu sare și piper. Puneți în aragazul lent cu ceapa și bulionul. Introduceți un termometru pentru carne, astfel încât vârful să fie în centrul fripturii. Acoperiți și gătiți la foc mic până când un termometru pentru carne înregistrează 68 °C pentru a găti la foc mediu, aproximativ 4 ore. Scoateți pe un platou de servire și acoperiți lejer cu folie de aluminiu.

Adăugați mazărea în aragazul lent. Acoperiți și gătiți la foc mare timp de 10 minute. Adăugați făina de porumb combinată și apă, amestecând timp de 2-3 minute. Adăugați parmezanul. Se asezoneaza dupa gust cu sare si piper. Amestecați hreanul, ardeiul cayenne și frișca și serviți cu carnea.

sauerbraten

Cu cât poți marina mai mult carnea, cu atât va fi mai gustoasă. Multe rețete de cârnați nu includ smântână; sari peste el daca preferi.

Se servește 8 până la 10

450 ml / ¾ litru de apă
250 ml / 8 fl oz vin roșu uscat
1 ceapă mare, feliată subțire
2 linguri de condimente pentru murături
12 dinți întregi
12 boabe de piper
2 foi de dafin
1 ½ linguriță de sare
1 carne de vită dezosată, cum ar fi deasupra sau argintie
(aproximativ 1,5 kg / 3 lb)
3 oz / 75 g fursecuri cu ghimbir, nuci, zdrobite fin
150 ml / ¼ litru de smântână
2 linguri de porumb

Aduceți apă, vin, ceapa, condimente și sare la fiert într-o oală mare. Misto. Turnați amestecul peste carne în aragazul lent. Dați oala la frigider, acoperită, pentru cel puțin 1 zi.

Pune oala în aragazul lent. Acoperiți și gătiți la foc mic timp de 6 până la 8 ore. Scoateți carnea într-un platou de servire și păstrați-l la cald. Adăugați fursecurile de turtă dulce și nucile în bulion. Adăugați smântâna combinată și făina de porumb, amestecând timp de 2 până la 3 minute. Serviți sosul peste carnea tăiată.

friptură într-o oală

Friptura cu legume nu poate fi batuta pentru o masa de vreme rece; adăugați vin roșu pentru un plus de aromă.

Porți 8

1,5 kg / 3 lb de friptură la fiert
2 cepe mari, tăiate în jumătate și feliate
1 pachet amestec de supă de ceapă
1 lb / 450g morcovi, feliați gros
1 kg / 2¼ lb cartofi cerați, necurățați
½ varză mică, tăiată în 6 până la 8 felii
sare si piper negru proaspat macinat, dupa gust
120 ml / 4 fl oz vin roșu uscat sau bulion de vită

Puneți carnea peste ceapă într-un cuptor lent de 5,5 litri și stropiți cu amestecul de supă. Aranjați legumele în jurul cărnii și stropiți ușor cu sare și piper. Adăugați vinul sau bulionul, acoperiți și gătiți la foc mic timp de 6 până la 8 ore. Serviți carnea și legumele împreună cu bulionul sau folosiți-le pentru a face un sos.

Notă: Pentru a face sos, măsurați bulionul și turnați într-o cratiță mică. Se încălzește până dă în clocot. Pentru fiecare 250 ml de bulion, amestecați 2 linguri de făină amestecate cu 50 ml de apă rece, amestecând până se îngroașă, aproximativ 1 minut.

cafea prăjită

O rețetă preferată a unei bune prietene, Judy Pompei, carnea de vită primește o bogăție incredibilă prin adăugarea de cafea și sos de soia.

Porți 10

2 cepe mari, feliate
1 articulație de vită dezosată, cum ar fi crupă (aproximativ 1,5 kg / 3 lb)
250 ml / 8 fl oz cafea tare
50 ml / 2 fl oz sos de soia
1 cățel de usturoi zdrobit
1 lingurita oregano uscat
2 foi de dafin

Pune jumătate din ceapă în aragazul lent. Acoperiți cu carne și ceapa rămasă. Adăugați ingredientele rămase. Acoperiți și gătiți la foc mic timp de 6 până la 8 ore. Serviți carnea cu bulionul.

Boeuf Bourguignon

Aceasta este interpretarea lui Catherine Atkinson asupra acestui clasic robust și mult iubit din regiunea Burgundy din Franța.

pentru 4 persoane

175 g / 6 oz ceapă, necurățată

2 linguri de ulei de măsline

100 g / 4 oz slănină afumată cu dungi fără coajă, tăiată în bucăți mici

100 g / 4 oz ciuperci mici

2 căței de usturoi, zdrobiți sau 10 ml/2 lingurițe piure de usturoi

250 ml / 8 fl oz bulion de vită

1½ lbs / 700 g tocană slabă sau friptură de coastă, tăiată și tăiată în cuburi de 2 inchi / 5 cm

2 lingurițe de făină comună

250 ml / 8 fl oz vin roșu

1 crenguță de cimbru proaspăt sau 2,5 ml / ½ linguriță de cimbru uscat

1 frunză de dafin

sare si piper negru proaspat macinat

2 linguri patrunjel proaspat tocat

piure cremos de cartofi și o legumă verde, pentru servire

Puneți ceapa într-un vas termorezistent și turnați peste suficientă apă clocotită pentru a acoperi. Lasati sa actioneze 5 minute. Între timp, încălziți 1 lingură de ulei într-o tigaie, adăugați baconul și prăjiți până se rumenește ușor. Transferați în aragazul lent cu o lingură cu fantă, lăsând toată grăsimea și sucurile. Scurgeți ceapa și îndepărtați coaja când este suficient de rece pentru a fi manipulată. Se adauga in tigaie si se fierbe la foc mic pana incep sa se rumeneasca. Adăugați ciupercile și usturoiul și gătiți timp de 2 minute, amestecând. Transferați legumele în aragazul lent. Se toarnă bulion, se acoperă cu un capac și se pune aragazul lent la High sau Low.

Se încălzește uleiul rămas în tigaie și se prăjesc cubulețele de vită până se maronie închis pe toate părțile. Se presara faina peste carne si se amesteca bine. Se toarnă treptat vinul, amestecând tot timpul, până când sosul face bule și se îngroașă. Adăugați în aragazul lent cu cimbru, dafin, sare și piper. Gătiți caserola timp de 3 până la 4 ore la maxim sau 6 până la 8 ore la mic, sau până când carnea și legumele sunt foarte fragede. Scoateți crenguța de cimbru și frunza de dafin. Se presara patrunjel si se serveste cu piure cremos de cartofi si o legume verde.

piept la gratar

Acest piept delicios este turnat cu un condiment ușor și gătit lent la perfecțiune în sos grătar.

Porți 10

1 piept de vită, tăiat de grăsime (aproximativ 1,5 kg / 3 lb)
frecare cu condimente
450 ml / ¾ litru de sos de gratar preparat
50 ml / 2 fl oz oțet de vin roșu
50 g / 2 oz zahăr brun deschis
2 cepe medii, feliate
120 ml / 4 fl oz de apă
450 g / 1 kg fettuccine, fierte, fierbinți

Frecați pieptul cu Spice Rub și puneți-l în slow cooker. Turnați ingredientele combinate rămase, cu excepția fettuccinei. Acoperiți și gătiți la foc mic timp de 6 până la 8 ore, dând focul la mare în ultimele 20 până la 30 de minute. Scoateți pieptul într-un platou de servire și lăsați-l să se odihnească, acoperit cu folie, aproximativ 10 minute. Taiati si serviti cu sosul gratar si ceapa peste fettuccine.

Sandvişuri cu carne la grătar

Umilul sandviş este transformat într-un adevărat festin în această reţetă.

Porţii 10

1 piept de vită, tăiat de grăsime (aproximativ 1,5 kg / 3 lb)
Frec cu condimente (vezi mai jos)
450 ml / ¾ litru de sos de gratar preparat
50 ml / 2 fl oz oţet de vin roşu
50 g / 2 oz zahăr brun deschis
2 cepe medii, feliate
120 ml / 4 fl oz de apă
baghete sau rulouri
Salată de varză

Frecaţi pieptul cu Spice Rub şi puneţi-l în slow cooker. Turnaţi ingredientele combinate rămase, cu excepţia baghetelor sau rulourilor şi a salatei de varză. Acoperiţi şi gătiţi la foc mic timp de 6 până la 8 ore, dând focul la mare în ultimele 20 până la 30 de minute. Scoateţi pieptul într-un platou de servire şi lăsaţi-l să se odihnească, acoperit cu folie, aproximativ 10 minute. Maruntiţi pieptul cu o furculiţă şi amestecaţi-l cu amestecul de grătar. Turnaţi carnea în bucăţi de baghetă împărţite sau rulaţi şi acoperiţi cu salată de varză.

frecare cu condimente

Ideal pentru preparate din carne.

Face 3 linguri

2 linguri patrunjel proaspat tocat marunt
1 cățel de usturoi zdrobit
½ lingurita sare condimentata
½ linguriță de ghimbir măcinat
½ lingurita de nucsoara proaspat rasa
½ lingurita de piper

Se amestecă toate ingredientele până se combină bine.

Friptură de flanc umplută cu ciuperci

O umplutură de slănină, ciuperci și cimbru are un gust grozav în interiorul cărnii gătite delicat.

pentru 6

3 felii de bacon

8 oz / 225 g ciuperci brune, feliate

½ ceapă tocată

¾ linguriță de cimbru uscat

sare si piper negru proaspat macinat, dupa gust

700 g / 1½ lb muschi de vită dezosat

175 ml / 6 fl oz vin roșu uscat sau bulion de vită

100 g / 4 oz orez, fiert, fierbinte

Gatiti baconul intr-o tigaie mare pana devine crocant. Se scurge si se sfarama. Aruncați toate, cu excepția 1 lingură de unsoare de slănină. Adăugați ciupercile, ceapa și cimbru în tigaie și prăjiți până se înmoaie, 5-8 minute. Adauga baconul. Se asezoneaza dupa gust cu sare si piper.

Bateți carnea cu un ciocan de carne, dacă este necesar, astfel încât să aibă o grosime uniformă. Se pune umplutura peste carne și se ruleaza, incepand cu partea lunga. Se asigură cu frigarui scurte și se pune în aragazul lent. Adăugați vinul sau bulionul. Acoperiți și gătiți la foc mic timp de 6 până la 8 ore. Taiati si serviti peste orez, turnand sucurile deasupra.

Sân în oală în bere

Marinarea este cheia succesului acestei cărni fragede și suculente.

serveşte 4-6

1,25 kg / 2½ lb piept rulat

300 ml / ½ litru pale ale

sare si piper negru proaspat macinat

25 g / 1 oz carne de vită, grăsime vegetală albă sau ulei de floarea soarelui

2 cepe, fiecare tăiată în 8 felii

2 morcovi, tăiați în sferturi

2 tulpini de telina, feliate groase

2 crengute de cimbru proaspat

2 foi de dafin

2 dinti intregi

150 ml / ¼ litru de bulion de vita clocotit

1 lingură făină de porumb (amidon de porumb)

Aşezaţi carnea într-un bol suficient de mare pentru a o ţine şi turnaţi berea. Acoperiţi şi marinaţi la frigider pentru cel puţin 8 ore, sau peste noapte, dacă se preferă, întorcându-se de mai multe ori dacă este posibil. Scurgeţi carnea, rezervaţi berea şi uscaţi-o. Se condimentează bine carnea cu sare şi piper. Se încălzeşte scurtătura sau uleiul într-o tigaie mare şi grea până se încinge. Se adauga carnea si se intoarce des pana se rumeneste bine. Pune carnea pe o farfurie.

Turnați puțină grăsime în tigaie, apoi adăugați ceapa, morcovii și țelina. Gatiti cateva minute pana devin usor aurii si incepe sa se inmoaie. Așezați un singur strat de legume în baza oalei ceramice. Puneți carnea deasupra, apoi adăugați legumele rămase în jurul părților laterale ale cărnii. Adăugați cimbrul, foile de dafin și cuișoarele. Se toarnă marinada de bere peste carne, urmată de bulionul de carne. Acoperiți cu capac și gătiți timp de 5 până la 8 ore la foc mic sau până când carnea și legumele sunt gătite și fragede. Întoarceți carnea și stropiți cu sosul o dată sau de două ori în timpul gătirii.

Scoateți carnea și puneți-o pe o farfurie sau o masă fierbinte. Acoperiți cu folie și lăsați să se odihnească timp de 10 minute înainte de a tăia felii groase. Între timp, degresați grăsimea din suc și sos în oala de ceramică. Amestecați amidonul de porumb cu puțină apă rece într-o cratiță, apoi strecurați-l în bulion (rezervând legumele, aruncând foile de dafin și cimbrul). Se aduce la fierbere, amestecând până când devine clocotită și groasă. Gustați și ajustați condimentele dacă este necesar. Serviți sosul bogat cu carnea și legumele.

Flan de vita umplut cu legume

Carnea va fi extrem de fragedă după gătirea lungă și va fi umplută minunat cu această selecție incitantă de legume.

pentru 6

1½ oz / 40 g ciuperci, feliate
½ ceapă tocată
½ morcov tocat
50g / 2oz dovlecel, tocat
25g / 1oz porumb dulce, decongelat dacă este congelat
¾ lingurita rozmarin uscat
1 lingura ulei de masline
sare si piper negru proaspat macinat, dupa gust
700 g / 1½ lb mușchi de vită dezosat
Cutie de 400 g / 14 oz roșii tăiate cubulețe
100 g / 4 oz orez, fiert, fierbinte

Pune ciupercile, ceapa, morcovul, dovlecelul, porumbul dulce și rozmarinul în ulei de măsline într-o tigaie până se înmoaie, 5-8 minute. Se asezoneaza dupa gust cu sare si piper.

Bateți carnea cu un ciocan de carne, dacă este necesar, astfel încât să aibă o grosime uniformă. Se pune umplutura peste carne si se ruleaza, incepand cu partea lunga. Se asigură cu frigarui scurte și se pune în aragazul lent. Adăugați roșiile. Acoperiți și gătiți la foc mic timp de 6 până la 8 ore. Taiati si serviti peste orez, turnand sucurile deasupra.

carbonnadă de vită

Aveți nevoie doar de o cantitate mică de bere pentru a îmbogăți acest binecunoscut preparat belgian, așa că este o idee bună să alegeți una pe care să o beți și vouă.

pentru 4 persoane

1½ lbs / 700 g tocană slabă sau friptură de coastă, tăiată
2 linguri ulei de floarea soarelui
1 ceapă mare, feliată subțire
2 căței de usturoi, zdrobiți sau 2 lingurițe piure de usturoi
2 lingurite de zahar brun moale
1 lingură de făină universală
250 ml / 8 fl oz bere ușoară
250 ml / 8 fl oz bulion de vită
1 lingurita de otet de vin
1 frunză de dafin
sare si piper negru proaspat macinat
patrunjel proaspat tocat, pentru a decora
pâine franțuzească crustă, de servit

Tăiați carnea în bucăți de aproximativ 5 cm / 2 pătrate și 1 cm / ½ grosime. Se încălzește 1 lingură de ulei într-o tigaie și se rumenește carnea pe toate părțile. Transferați în aragazul lent ceramic cu o lingură cu fantă, lăsând sucurile în tigaie. Adăugați uleiul rămas în tigaie. Adăugați ceapa și gătiți la foc mic timp de 5 minute. Adăugați usturoiul și zahărul, apoi presărați făina, amestecând pentru a omogeniza. Adăugați treptat berea și aduceți la fierbere. Lasă-l să clocotească un minut, apoi stinge focul. Se toarnă amestecul peste carne, apoi se adaugă bulionul și oțetul. Adăugați foaia de dafin și asezonați cu sare și piper. Acoperiți cu capac. Gatiti 1 ora la maxim, apoi reduceti focul la mic si gatiti inca 5 pana la 7 ore sau pana cand carnea este foarte frageda.

Scoateți frunza de dafin și ajustați condimentele, dacă este necesar. Servește imediat caserola, ornată cu puțin pătrunjel proaspăt tocat și însoțită de pâine franțuzească.

Rouladen

Fripturile subțiri de sandviș ușurează munca la aceste rulouri cu carne și șuncă.

pentru 4 persoane

4 fripturi mici sau 2 mari subțiri de sandwich de vită (aproximativ 450 g / 1 lb greutate totală)
sare si piper negru proaspat macinat, dupa gust
4 felii de sunca afumata (aproximativ 25g / 1oz fiecare)
100g / 4oz ciuperci, tocate mărunt
3 linguri cornichons tocate marunt
½ ceapă tocată
1-2 linguri muștar de Dijon
1 lingurita marar uscat
120 ml / 4 fl oz bulion de vită

Stropiți ușor fripturile de sandviș cu sare și piper. Acoperiți fiecare file cu o felie de șuncă. Se amestecă restul ingredientelor, cu excepția bulionului, și se întinde peste feliile de șuncă. Rulați fileurile, asigurându-le cu bețișoare de cocktail. Așezați, cu cusăturile în jos, într-un cuptor lent. Adăugați bulionul. Acoperiți și gătiți la foc mic timp de 5-6 ore.

Rouladen italian

Provolone este o brânză italiană asemănătoare cu mozzarella, dar cu o aromă mult mai plină.

pentru 4 persoane

4 fripturi mici sau 2 mari subțiri de sandwich de vită (aproximativ 450 g / 1 lb greutate totală)
sare si piper negru proaspat macinat, dupa gust
4 felii de sunca afumata (aproximativ 25g / 1oz fiecare)
4 felii de brânză provolone
4 linguri rosii uscate la soare tocate
2 lingurite de marar uscat
120 ml / 4 fl oz bulion de vită

Stropiți ușor fripturile de sandviș cu sare și piper. Acoperiți fiecare file cu o felie de șuncă. Se amestecă brânza și roșiile și se întinde peste feliile de șuncă. Se presară cu mărar. Rulați fileurile, asigurându-le cu bețișoare de cocktail. Așezați, cu cusăturile în jos, într-un cuptor lent. Adăugați bulionul. Acoperiți și gătiți la foc mic timp de 5-6 ore.

Ruladen în stil grecesc

Un gust de Grecia, prin curtoazie de brânză feta și măsline.

pentru 4 persoane

4 fripturi mici sau 2 mari subțiri de sandwich de vită (aproximativ
450 g / 1 lb greutate totală)
sare si piper negru proaspat macinat, dupa gust
50 g / 2 oz brânză feta
2 cepe primavara, tocate marunt
4 rosii uscate la soare, tocate
1 oz / 25 g măsline grecești, feliate
120 ml / 4 fl oz bulion de vită

Stropiți ușor fripturile de sandviș cu sare și piper. Brânza se piure cu ceapa, roșiile uscate la soare și măsline și se întinde peste fileuri. Rulați fileurile, asigurându-le cu bețișoare de cocktail. Așezați, cu cusăturile în jos, într-un cuptor lent. Adăugați bulionul. Acoperiți și gătiți la foc mic timp de 5-6 ore.

Coaste înăbușite

Veți găsi aceste coaste deosebit de gustoase și suculente. Rontul oaselor este permis!

pentru 4 persoane

250 ml / 8 fl oz vin roșu uscat sau bulion de vită
4 morcovi mari, feliați gros
1 ceapă mare, tăiată felii
2 foi de dafin
1 lingurita maghiran uscat
900 g / 2 lbs de coaste de vită

Combinați toate ingredientele în slow cooker, punând coastele deasupra. Acoperiți și gătiți la foc mic timp de 7 până la 8 ore.

Carne de vită condimentată cu hrean

Piața caldă a acestei caserole Catherine Atkinson este obținută cu un amestec de hrean cremă, ghimbir și pudră de curry.

pentru 4 persoane

1 ceapa tocata
2 linguri sos cremos de hrean
1 lingură sos Worcestershire
450 ml / ¾ litru de supă de vită fierbinte (nu fiartă).
1 lingură de făină universală
1 lingurita praf de curry mediu
½ linguriță de ghimbir măcinat
1 lingurita zahar brun
1½ lbs / 700 g tocană slabă sau friptură de coastă, tăiată cubulețe
sare si piper negru proaspat macinat
2 linguri patrunjel proaspat sau congelat tocat
cartofi noi și o legumă verde, de servit

Pune ceapa în oala de ceramică. Se amestecă hreanul și sosul Worcestershire în bulion și se toarnă peste ceapă. Puneți aragazul lent la foc mic și gătiți timp de 3 până la 4 minute în timp ce pregătiți și măsurați ingredientele rămase.

Amestecați făina, pudra de curry, ghimbirul și zahărul într-un castron. Adăugați carnea și amestecați pentru a acoperi cuburile uniform cu amestecul de condimente. Se adaugă în aragazul lent și se condimentează cu sare și piper. Acoperiți și gătiți 6 până la 7 ore la foc mic sau până când carnea este foarte fragedă.

Adăugați pătrunjelul și ajustați condimentele, dacă este necesar. Serviți cu cartofi noi și o legumă verde precum varza mărunțită la abur.

friptură simplă

Umed, așa cum ar trebui să fie friptura de carne, cu multe resturi și pentru sandvișuri! Serviți cu piure de cartofi adevărat.

pentru 6

700 g / 1½ lb carne tocată slabă

100g / 4oz ovăz

120 ml / 4 fl oz lapte semi-degresat

1 ou

50 ml / 2 fl oz sos de roșii sau sos chili

1 ceapa tocata

½ ardei verde tocat

1 cățel de usturoi zdrobit

1 linguriță de condimente italiene uscate cu ierburi

1 lingurita sare

½ lingurita de piper

Faceți mânere din aluminiu și puneți-le în aragazul lent. Se amestecă toate ingredientele până se omogenizează. Puneți amestecul într-o pâine și puneți-l în aragazul lent, asigurându-vă că părțile laterale ale pâinii nu ating oala. Introduceți un termometru pentru carne, astfel încât vârful să fie în centrul pâinii. Acoperiți și gătiți la foc mic până când un termometru pentru carne înregistrează 76 °C, aproximativ 6 până la 7 ore. Scoateți folosind mânerele din folie și lăsați să se odihnească, acoperit lejer cu folie, timp de 10 minute.

chifteluța italiană

Friptură clasică, dar cu o notă italiană. Puteți folosi sos chili în loc de ketchup.

pentru 6

700 g / 1½ lb carne tocată slabă
100g / 4oz ovăz
120 ml / 4 fl oz lapte semi-degresat
1 ou
50 ml / 2 fl oz sos de roșii
1 ceapa tocata
½ ardei verde tocat
1 cățel de usturoi zdrobit
1 lingura parmezan proaspat ras
50 g / 2 oz brânză mozzarella rasă
2 linguri masline negre fara samburi, tocate
1 linguriță de condimente italiene uscate cu ierburi
1 lingurita sare
½ lingurita de piper
2 linguri sos de rosii sau ketchup preparat
parmezan ras si branza mozzarella tare rasa, pentru a decor

Faceți mânere din aluminiu și puneți-le în aragazul lent. Se amestecă toate ingredientele până se omogenizează. Puneți amestecul într-o pâine și puneți-l în aragazul lent, asigurându-vă că părțile laterale ale pâinii nu ating oala. Introduceți un termometru pentru carne, astfel încât vârful să fie în centrul pâinii. Acoperiți și gătiți la foc mic până când un termometru pentru carne înregistrează 76 °C, aproximativ 6 până la 7 ore. Se acoperă cu sosul de roșii sau cu ketchup și se stropește cu brânzeturi. Acoperiți și fierbeți până când brânza se topește, 5 până la 10 minute. Scoateți folosind mânerele din aluminiu.

Friptură de carne cu brânză

Această chiflă de carne are o aromă foarte plină de brânză, făcându-l bogat și extrem de satisfăcător. Puteți folosi sos chili în loc de ketchup.

pentru 6

450 g / 1 kg carne tocată slabă
225 g / 8 oz carne de porc macră tocată
100 g / 4 oz brânză moale
75 g / 3 oz brânză cheddar mărunțită
100g / 4oz ovăz
120 ml / 4 fl oz lapte semi-degresat
1 ou
50 ml / 2 fl oz sos de roșii
2 linguri sos Worcestershire
1 ceapa tocata
½ ardei verde tocat
1 cățel de usturoi zdrobit
1 linguriță de condimente italiene uscate cu ierburi
1 lingurita sare
½ lingurita de piper

Faceți mânere din aluminiu și puneți-le în aragazul lent. Se amestecă toate ingredientele, cu excepția a 25 g / 1 oz de brânză Cheddar, până se omogenizează bine. Puneți amestecul într-o pâine și puneți-l în aragazul lent, asigurându-vă că părțile laterale ale pâinii nu ating oala. Introduceți un termometru pentru carne, astfel încât vârful să fie în centrul pâinii. Acoperiți și gătiți la foc mic până când un termometru pentru carne înregistrează 76 °C, aproximativ 6 până la 7 ore. Stropiți cu brânză cheddar rezervată, acoperiți și fierbeți până când brânza se topește, 5 până la 10 minute. Scoateți folosind mânerele din aluminiu.

Friptură cu chutney și alune

Dacă nu aveți Branston Pickle, puteți folosi aceeași cantitate de chutney tocat.

pentru 6

700 g / 1½ lb carne tocată slabă

100g / 4oz ovăz

120 ml / 4 fl oz lapte semi-degresat

1 ou

100 g / 4 oz corniș Branston

1 ceapa tocata

½ ardei verde tocat

1 cățel de usturoi zdrobit

50 g / 2 oz alune tocate

1 lingurita praf de curry

½ linguriță de ghimbir măcinat

1 linguriță de condimente italiene uscate cu ierburi

1 lingurita sare

½ lingurita de piper

Faceți mânere din aluminiu și puneți-le în aragazul lent. Se amestecă toate ingredientele până se omogenizează. Puneți amestecul într-o pâine și puneți-l în aragazul lent, asigurându-vă că părțile laterale ale pâinii nu ating oala. Introduceți un termometru pentru carne, astfel încât vârful să fie în centrul pâinii. Acoperiți și gătiți la foc mic până când un termometru pentru carne înregistrează 76 °C, aproximativ 6 până la 7 ore. Scoateți folosind mânerele din folie și lăsați să se odihnească, acoperit lejer cu folie, timp de 10 minute.

Ou și sos de lămâie

Acest sos delicat de lamaie poate fi preparat cu bulion de legume.

Pentru 6 persoane ca garnitură

1 lingura de unt sau margarina
2 linguri de faina
120 ml supa de pui
120 ml / 4 fl oz lapte semi-degresat
1 ou, batut usor
3-4 linguri suc de lamaie
1 lingurita coaja de lamaie
sare si piper alb, dupa gust

Topiți untul într-o tigaie medie. Se amestecă făina și se fierbe timp de 1 minut. Bateți bulionul și laptele. Se încălzește până la fierbere, amestecând până se îngroașă, aproximativ 1 minut. Bateți aproximativ jumătate din amestecul de bulion în ou. Bateți amestecul înapoi în tigaie. Bateți la foc mediu timp de 1 minut. Adăugați sucul de lămâie și coaja. Se asezoneaza dupa gust cu sare si piper.

Friptură de lămâie cu sos de ouă de lămâie

Friptura capătă o nouă dimensiune, cu un accent de lămâie şi un sos moale de lămâie-ou în lateral.

pentru 6

700 g / 1½ lb carne tocată slabă
50g / 2oz pesmet proaspăt
1 ou
1 ceapa mica tocata
½ ardei gras verde mic, tocat
1 căţel de usturoi zdrobit
1 lingura suc de lamaie
1 lingura coaja rasa de lamaie
1 lingurita mustar de Dijon
½ linguriţă de cimbru uscat
½ lingurita de piper
¾ lingurita sare
Ou Sos de lamaie (vezi stanga)

Faceți mânere din aluminiu și puneți-le în aragazul lent. Se amestecă toate ingredientele, cu excepția sosului de ou-lămâie, până se omogenizează bine. Puneți amestecul într-o pâine și puneți-l în aragazul lent, asigurându-vă că părțile laterale ale pâinii nu ating oala. Introduceți un termometru pentru carne, astfel încât vârful să fie în centrul pâinii. Acoperiți și gătiți la foc mic până când un termometru pentru carne înregistrează 76 °C, 6 până la 7 ore. Scoateți, folosind mânerele din folie, și lăsați să se odihnească, acoperit lejer cu folie, timp de 10 minute. Se serveste cu ou si sos de lamaie.

Pâine cu șuncă dulce-acrișoară

Friptura poate fi gătită și într-o tigaie de 9 x 5 in / 23 x 13 cm sau în două tavi mai mici, dacă se potrivesc în aragazul tău lent. Puneți tigăile pe grătar sau în cutiile de ton goale, cu ambele capete îndepărtate.

pentru 6

450 g / 1 kg carne tocată slabă

225g / 8oz șuncă afumată tocată sau mărunțită

50g / 2oz pesmet proaspăt

1 ou

1 ceapa mica tocata

½ ardei gras verde mic, tocat

1 cățel de usturoi zdrobit

1 lingurita mustar de Dijon

2 cornibii tocati

50g / 2oz migdale, tocate grosier

50g / 2oz amestec de fructe uscate

90 g / 3½ oz gem de caise

1 lingura otet de cidru

2 lingurite de sos de soia

½ lingurita de piper

¾ lingurita sare

Faceți mânere din aluminiu și puneți-le în aragazul lent. Se amestecă toate ingredientele până se omogenizează. Puneți amestecul într-o pâine și puneți-l în aragazul lent, asigurându-vă că părțile laterale ale pâinii nu ating oala. Introduceți un termometru pentru carne, astfel încât vârful să fie în centrul pâinii. Acoperiți și gătiți la foc mic până când un termometru pentru carne înregistrează 76 °C, 6 până la 7 ore. Scoateți, folosind mânerele din folie, și lăsați să se odihnească, acoperit lejer cu folie, timp de 10 minute.

Carne ușoară cu vin și legume

O caserolă de vită simplă, dar satisfăcătoare. Serviți peste tăiței, dacă doriți.

pentru 4 persoane

1 lb / 450 g friptură de muschi, tăiată în fâșii de 1 ½ / 1 cm
250 ml / 8 fl oz bulion de vită
120 ml / 4 fl oz vin roșu uscat
275 g / 10 oz fasole franțuzească, tăiată în bucăți scurte
2 cartofi cuburi
2 cepe mici, tăiate felii
3 morcovi, feliați gros
¾ linguriță de cimbru uscat
sare si piper negru proaspat macinat, dupa gust

Combinați toate ingredientele, cu excepția sării și piperului, în aragazul lent. Acoperiți și gătiți la foc mic timp de 6 până la 8 ore. Se asezoneaza dupa gust cu sare si piper.

frunze de varza umplute

Alege carne de vită măcinată de bună calitate, pentru a o amesteca cu ardei gras, ceapă și orez pentru o umplutură aromată pentru frunzele de varză gătite în sos de roșii.

pentru 4 persoane

8 frunze mari de varză
450 g / 1 kg carne tocată slabă
½ ceapa tocata marunt
¼ ardei gras verde tocat marunt
15 g / ½ oz orez, fiert
50 ml / 2 fl oz de apă
1 lingurita sare
¼ de lingurita piper negru proaspat macinat
400 g / 14 oz sos de roșii preparat
Cutie de 450 g / 1 lb roșii tăiate cubulețe

Pune frunzele de varză în apă clocotită până se înmoaie, 1 până la 2 minute. Scurgeți bine. Tăiați nervurile groase de pe frunze, astfel încât acestea să se întindă. Amestecați carnea tocată și restul ingredientelor, mai puțin sosul de roșii și roșiile tocate. Împărțiți amestecul de carne în opt părți egale, modelând fiecare o formă de pâine. Înfășurați fiecare într-o frunză de varză, îndoind capetele și părțile laterale. Turnați jumătate din sosul de roșii combinat și roșiile tăiate cubulețe în aragazul lent. Adăugați sarmale, cu cusătura în jos. Se toarnă restul de amestec de roșii. Acoperiți și gătiți la foc mic timp de 6 până la 8 ore.

Chiftele Florentine

Brânza ricotta, spanac și aromele mediteraneene fac aceste chiftele excepțional de gustoase.

pentru 4 persoane

65 g / 2½ oz frunze de spanac

100 g / 4 oz brânză ricotta

1 ou

2 arpagic tocat

2 catei de usturoi

2 lingurite de oregano uscat

½ linguriță mărar uscat

½ lingurita de nucsoara proaspat rasa

½ lingurita sare

½ lingurita de piper

450 g / 1 kg carne tocată slabă

25 g / 1 oz pesmet proaspăt

1 litru / 1¾ litri sos de paste preparate cu plante

8 oz / 225 g fettuccine, fierte, fierbinți

Procesați spanacul, ricotta, ouă, ceai verde, usturoi, condimente, sare și piper într-un robot de bucătărie sau blender până la omogenizare. Se amestecă cu carnea tocată și pesmet. Formați amestecul în 8-12 chiftele. Combinați chiftelutele și sosul de paste într-un cuptor lent, acoperind chiftelutele cu sos. Acoperiți și gătiți la foc mic timp de 5-6 ore. Serviți pe fettuccine.

Rigatoni cu chiftele de vinete

Vinetele este un ingredient surpriză în aceste fabuloase chiftele.

pentru 6

Chiftele de vinete (vezi mai jos)
700 g / 1½ lbs sos de paste dintr-un borcan
350g / 12oz rigatoni sau alte forme de paste, fierte, fierbinți
2-3 linguri de ulei de măsline
2 linguri capere scurse
15 g / ½ oz pătrunjel proaspăt tocat

Combinați chiftelutele de vinete și sosul de paste în aragazul lent, acoperind chiftelele cu sos. Acoperiți și gătiți la foc mic timp de 6 până la 8 ore. Amestecați rigatonii cu ulei, capere și pătrunjel. Serviți cu chiftele și sos.

Chiftele de vinete

Vinetele tăiate cubulețe adaugă o bogăție superbă acestor găluște pe bază de carne.

Face 18 chiftele

1 vinete mică (aproximativ 350g / 12oz), tăiată cubulețe
700 g / 1½ lb carne tocată slabă
2 oz / 50 g parmezan sau brânză Romano, proaspăt rasă
25 g / 1 oz pesmet uscat
2 oua
1½ linguriță de condimente italiene uscate cu ierburi
1 lingurita sare
½ lingurita de piper

Gatiti vinetele in 2 inchi de apa clocotita intr-o tigaie medie pana se inmoaie, aproximativ 10 minute. Scurgeți, răciți și mărunțiți. Combinați vinetele cu restul ingredientelor de chiftele. Formați 18 chiftele.

Creveți cu anghinare și ardei

Anghinarea și ardeii sunt parteneri mediteraneeni frecvenți. Inimioarele de anghinare din conserve sunt o modalitate convenabilă de a adăuga această legumă cu aromă delicată în bucătărie.

pentru 4 persoane

400 g / 14 oz sos de roșii preparat
400g / 14oz inimioare de anghinare, scurse și tăiate în sferturi
175 ml / 6 fl oz supă de pui sau legume
2 cepe, feliate subțiri
½ ardei gras rosu mic, feliat
½ ardei gras verde mic, feliat
1 cățel de usturoi zdrobit
350 g / 12 oz creveți medii gătiți și curățați, decongelați dacă sunt congelați
1-2 linguri sherry uscat (optional)
sare si piper negru proaspat macinat, dupa gust
225g / 8oz penne, fierte, fierbinți

Combinați toate ingredientele, cu excepția creveților, sherry, sare, piper și penne, în aragazul lent. Acoperiți și gătiți la foc mic timp de 5-6 ore, adăugând creveții în ultimele 10 minute. Asezonați după gust cu sherry, sare și piper. Serviți peste penne.

Caserolă cu creveți și bame

Acest lucru este foarte bun și dacă nu ai chef să faci mămăliga dacă nu ai chef să o servești cu orez fiert.

pentru 4 persoane

400 g / 14 oz sos de roșii preparat
8 oz / 225 g bame, tăiate și tăiate în bucăți
175 ml / 6 fl oz supă de pui sau legume
2 cepe, feliate subțiri
1 cățel de usturoi zdrobit
350 g / 12 oz creveți medii gătiți și curățați, decongelați dacă sunt congelați
sare si piper negru proaspat macinat, dupa gust
Mămăligă
patrunjel proaspat tocat, pentru a decora

Combinați toate ingredientele, cu excepția creveților, sare, piper și mămăligă, în aragazul lent. Acoperiți și gătiți la foc mic timp de 5-6 ore, adăugând creveții în ultimele 10 minute. Se asezoneaza dupa gust cu sare si piper. Se serveste peste mamaliga si se presara fiecare portie cu patrunjel.

Creveți creoli cu șuncă

Fâșii de șuncă crocantă și sherry uscat, cu un shake Tabasco, adaugă arome complementare acestui fel de mâncare cu creveți.

pentru 6

100 g / 4 oz șuncă slabă, tăiată în fâșii subțiri
1-2 linguri de ulei de măsline
2 cutii de 14 oz / 400 g roșii tăiate cubulețe
120 ml / 4 fl oz de apă
2-3 linguri piure de rosii
1 ceapa tocata marunt
1 tulpina de telina tocata marunt
½ ardei gras rosu sau verde, tocat marunt
3 catei de usturoi, macinati
1½ lbs / 700g creveți mari cruzi, curățați și devenați, decongelați dacă sunt congelați
2 până la 4 linguri de sherry uscat (opțional)
¼ – ½ linguriță sos Tabasco
sare si piper negru proaspat macinat, dupa gust
100 g / 4 oz orez, fiert, fierbinte

Gătiți șunca în ulei într-o tigaie mică, la foc mediu-mare, până devine maro auriu și crocantă, 3 până la 4 minute. Retrageți și rezervați. Combinați roșiile, apa, verdeața și usturoiul în aragazul lent. Acoperiți și gătiți la foc mic timp de 6 până la 7 ore, adăugând șunca rezervată, creveții, sherry și sosul Tabasco în ultimele 10 minute. Se asezoneaza dupa gust cu sare si piper. Serviți peste orez.

Creveți cajun, porumb dulce și fasole

Fasolea, porumbul dulce și laptele fac din acesta un fel de mâncare consistent, ornat cu chili. Serviți pe lingură de pâine.

pentru 4 persoane

Cutie de 400 g / 14 oz fasole roșie, scursă și clătită
Cutie de 400 g / 14 oz porumb dulce cu smântână
8 fl oz / 250 ml supă de pește sau pui
1 ceapa tocata marunt
1 jalapeño sau alt ardei iute mediu, tocat fin
2 catei de usturoi macinati
1 lingurita de cimbru uscat
½ linguriță de oregano uscat
175g / 6oz broccoli, în buchețe mici
250 ml / 8 fl oz lapte integral
2 linguri de porumb
350–450 g / 12 oz – 1 kilogram de creveți mari cruzi, curățați și devenați, decongelați dacă sunt congelați
sare si sos tabasco, dupa gust

Combinați fasolea, porumbul dulce, bulionul, ceapa, chile, usturoiul și ierburile în aragazul lent. Acoperiți și gătiți la foc mic timp de 6 până la 7 ore, adăugând broccoli în ultimele 20 de minute.
Adăugați laptele combinat și făina de porumb, amestecând timp de 2-3 minute. Adăugați creveții. Gatiti 5-10 minute. Asezonați după gust cu sare și sos Tabasco.

Creveți și cârnați Gumbo

Bamele îngroașă gumbo-ul și îi conferă o aromă creolă distinctivă.

pentru 4 persoane

2 conserve de roșii de 14 oz / 400 g
100g / 4oz cârnați afumat, felie groasă
1 ardei gras rosu mare, tocat marunt
1 cățel de usturoi zdrobit
un praf de fulgi de chili zdrobiti
225g / 8oz okra, tăiate și feliate
350 g / 12 oz creveți medii gătiți și curățați, decongelați dacă sunt congelați
Sarat la gust
75g / 3oz orez, fiert, fierbinte

Combinați toate ingredientele, cu excepția bame, creveții, sarea și orezul, în aragazul lent. Acoperiți și gătiți la foc mic timp de 6-7 ore, adăugând bame în ultimele 30 de minute și creveții în ultimele 10 minute. Asezonați după gust cu sare. Serviți peste orez.

Paste cu roșii proaspete și sos de ierburi

Bucurați-vă de acest fel de mâncare atunci când roșiile locale sau de casă sunt la apogeul lor de coacere.

pentru 6

1 kg / 2¼ lb rosii, tocate
1 ceapa tocata marunt
120 ml / 4 fl oz vin roșu uscat sau apă
2 linguri piure de rosii
6 căței mari de usturoi, zdrobiți
1 lingura de zahar
2 foi de dafin
2 lingurite busuioc uscat
1 lingurita de cimbru uscat
un praf de fulgi de chili zdrobiti
Sarat la gust
350g / 12oz paste plate sau formate, fierte, fierbinți

Combinați toate ingredientele, mai puțin sarea și pastele, în aragazul lent. Acoperiți și gătiți la foc mic timp de 6 până la 7 ore. Dacă preferați o consistență mai groasă, gătiți la foc mare în ultimele 30 de minute. Se condimentează după gust cu sare și se servește sosul peste paste.

Risotto cu legume de iarnă

Orezul Arborio este un orez cu bob scurt cultivat în regiunea Arborio din Italia. Este potrivită mai ales pentru a face risotto, deoarece se găteşte cu o cremoasă minunată.

pentru 4 persoane

750 ml / 1¼ litri bulion de legume
1 ceapa mica tocata
3 catei de usturoi, macinati
3 oz / 75 g ciuperci maro sau buton, feliate
1 lingurita rozmarin uscat
1 lingurita de cimbru uscat
350g / 12oz orez arborio
100 g / 4 oz varză de Bruxelles mici, tăiată în jumătate
175g / 6oz cartofi dulci, curăţaţi şi tăiaţi cuburi
1 oz / 25 g parmezan proaspăt ras
sare si piper negru proaspat macinat, dupa gust

Aduceţi bulionul la fiert într-o oală mică. Se toarnă în aragazul lent. Adăugaţi restul ingredientelor, cu excepţia parmezanului, sare şi piper. Acoperiţi şi gătiţi la foc mare până când orezul este al dente şi lichidul este aproape absorbit, aproximativ 1¼ de oră (vegeţi cu atenţie ca orezul să nu se gătească prea mult). Adăugaţi brânza. Se asezoneaza dupa gust cu sare si piper.

Risotto cu porcini

Ciupercile porcini uscate sunt o resursă foarte utilă în dulapul magazinului alimentar. Ele rezistă ani de zile, ocupă foarte puțin spațiu și își recapătă rapid aroma deplină atunci când sunt înmuiate.

pentru 4 persoane

¼ oz / 10 g porcini uscate sau alte ciuperci uscate
250 ml / 8 fl oz apă clocotită
500 ml / 17 fl oz bulion de legume
1 ceapa mica tocata
3 catei de usturoi, macinati
350g / 12oz orez arborio
½ linguriță de salvie uscată
½ linguriță de cimbru uscat
100 g / 4 oz petits pois congelați, dezghețați
1 roșie mică, tocată
50 g/2 oz parmezan proaspăt ras
sare si piper negru proaspat macinat, dupa gust

Puneți ciupercile într-un bol și turnați apa clocotită. Lasam sa stea pana se inmoaie, aproximativ 15 minute. Scurgeți, rezervând lichidul. Aduceți bulionul la fiert într-o oală mică. Se toarnă în aragazul lent și se adaugă 250 ml / 8 fl oz de apă rezervată pentru a înmuia ciupercile. Adăugați restul ingredientelor, mai puțin mazărea, roșiile, parmezanul și sare și piper. Acoperiți și gătiți la foc iute până când orezul este al dente și lichidul este aproape absorbit, aproximativ 1¼ oră, adăugând mazărea și roșiile în ultimele 15 minute (vegeți cu atenție ca orezul să nu se fiarbă prea mult). Adăugați brânza. Se asezoneaza dupa gust cu sare si piper.

Risotto cu broccoli și nuci de pin

Puteți prăji nucile de pin într-o tigaie uscată, aruncându-le până se rumenesc ușor, dar fiți cu ochii pe ele, deoarece se ard ușor.

pentru 4 persoane

750 ml / 1¼ litri bulion de legume
1 ceapa mica tocata
3 catei de usturoi, macinati
350g / 12oz orez arborio
1 linguriță de condimente italiene uscate cu ierburi
175 g / 6 oz buchețe mici de broccoli
1½ oz / 40 g stafide
25 g / 1 oz nuci de pin prăjite
50 g / 2 oz parmezan proaspăt ras
sare si piper negru proaspat macinat, dupa gust

Aduceți bulionul la fiert într-o oală mică. Se toarnă în aragazul lent. Adăugați ceapa, usturoiul, orezul și ierburile. Acoperiți și gătiți la foc iute până când orezul este al dente și lichidul aproape că se absoarbe, aproximativ 1¼ oră, adăugând broccoli, stafidele și nucile de pin în ultimele 20 de minute (vegeți cu atenție ca orezul să nu se gătească prea mult). . Adăugați brânza. Se asezoneaza dupa gust cu sare si piper.

Risi Bisi

Opiniile variază în ceea ce privește dacă Risi Bisi este un risotto sau o supă groasă. Dacă sunteți de acord cu ultima definiție, utilizați încă 120–250 ml / 4–8 fl oz de bulion pentru a da amestecului o consistență groasă de supă.

pentru 4 persoane

750 ml / 1¼ litri bulion de legume
1 ceapa mica tocata
3 catei de usturoi, macinati
350g / 12oz orez arborio
2 lingurite busuioc uscat
8 oz / 225 g de petits pois congelați, dezghețați
50 g/2 oz parmezan proaspăt ras
sare si piper negru proaspat macinat, dupa gust

Aduceți bulionul la fiert într-o oală mică. Se toarnă în aragazul lent. Adăugați ingredientele rămase, cu excepția mazării, parmezan, sare și piper. Se acoperă și se fierbe la foc iute până când orezul este al dente și lichidul este aproape absorbit, aproximativ 1¼ oră, adăugând mazărea în ultimele 15 minute (vegheați cu atenție ca orezul să nu se gătească prea mult). Adăugați brânza. Se asezoneaza dupa gust cu sare si piper.

risotto de legume de vară

Dacă aveți o grădină de legume, această rețetă va profita la maximum de minunatele voastre produse de vară.

pentru 4 persoane

750 ml / 1¼ litri bulion de legume
4 arpagic, feliat
3 catei de usturoi, macinati
200g / 7oz roșii prune tocate
1 lingurita rozmarin uscat
1 lingurita de cimbru uscat
350g / 12oz orez arborio
250g / 9oz dovlecei, tăiați cubulețe
250g / 9oz dovlecel sau dovlecel galben, tăiat cubulețe
1 oz / 25 g parmezan proaspăt ras
sare si piper negru proaspat macinat, dupa gust

Aduceți bulionul la fiert într-o oală mică. Se toarnă în aragazul lent. Adăugați restul ingredientelor, cu excepția parmezanului, sare și piper. Acoperiți și gătiți la foc mare până când orezul este al dente și lichidul este aproape absorbit, aproximativ 1¼ de oră (vegeți cu atenție ca orezul să nu se gătească prea mult). Adăugați brânza. Se asezoneaza dupa gust cu sare si piper.

Prajitura cu ou cu ciuperci si busuioc

Ca o quiche fără crustă, pregătiți această plăcintă aromată pentru a o servi pentru un prânz ușor sau un brunch.

pentru 4 persoane

5 ouă

25 g / 1 oz făină simplă

1/3 lingurita praf de copt

¼ lingurita sare

¼ lingurita de piper

8 oz / 225 g brânză Monterey Jack mărunțită sau brânză cheddar ușoară

225 g / 8 oz brânză de vaci

75g / 3oz ciuperci, feliate

¾ lingurita busuioc uscat

ulei, pentru a lubrifia

Bateți ouăle într-un castron mare până devin spumă. Amestecați făina combinată, praful de copt, sare și piper. Se amestecă ingredientele rămase și se toarnă în aragazul uns cu uns. Acoperiți și gătiți la foc mic până se fixează, aproximativ 4 ore. Serviți din aragazul lent sau scoateți aragazul lent, lăsați să se odihnească pe un grătar timp de 5 minute și răsturnați-l pe o farfurie de servire.

Notă: Acest fel de mâncare poate fi gătit și într-o tigaie pentru sufle de 1¾ halbă / 1 litru sau o caserolă. Puneți pe grătar într-o oală lentă de 5,5 litri/9½ litri și gătiți până se fixează, aproximativ 4½ ore.

Coacerea legumelor la grătar

Legumele congelate la grătar - un amestec de ardei roșii și galbeni la grătar, dovlecei și vinete - sunt sfatul lui Catherine Atkinson pentru această rețetă.

pentru 4 persoane

unt moale sau ulei de floarea soarelui, pentru ungere
6 oz / 175 g legume prăjite congelate, decongelate
1 ou
1,5 ml muștar de Dijon
150 ml / ¼ litru de lapte
2 linguri migdale macinate
15 ml pesmet alb proaspăt
50 g / 2 oz brânză Gruyère rasă
sare si piper negru proaspat macinat
25 g / 1 oz migdale fulgi
pâine ciabatta sau focaccia, de servit

Puneți o farfurie răsturnată sau un tăietor de aluat metalic pe baza vasului de ceramică. Turnați aproximativ 5 cm / 2 inchi de apă foarte fierbinte (nu clocotită), apoi puneți aragazul la foc mic. Ungeți un vas rotund rezistent la căldură de 13 până la 15 cm cu unt sau ulei. Pune legumele pe farfurie. Bateți oul și muștarul, apoi adăugați laptele, migdalele măcinate, pesmetul și brânza. Se condimentează cu sare și piper, apoi se toarnă cu grijă peste legume. Lăsați amestecul să se odihnească aproximativ un minut, apoi presărați fulgi de migdale deasupra. Acoperiți vasul cu folie alimentară sau folie de aluminiu unsă ușor și puneți deasupra farfurii sau tăietorului de aluat în oală. Se toarnă suficientă apă clocotită pentru a ajunge la jumătatea marginii vasului.

Acoperiți cu capac și gătiți timp de 2 până la 4 ore sau până când legumele sunt foarte fragede și amestecul este ușor închegat (verificați împingând un cuțit subțire sau o frigărui în mijloc; trebuie să fie fierbinte și să fie puțin lichid). Se serveste fierbinte cu paine ciabatta sau focaccia.

lasagna stratificată

Esteușor să faci lasagna cu un sos preparat și foi de lasagna gata de cuptor, care nu trebuie să fie coapte în prealabil. Această lasagna este delicată ca textură și bogată în aromă.

pentru 6

700 g / 1½ lbs sos pentru paste cu busuioc preparat
8 foi de lasagna fără gătire prealabilă
550 g / 1¼ lb brânză ricotta
275 g / 10 oz brânză mozzarella mărunțită
1 ou
1 lingurita busuioc uscat
1 oz / 25 g parmezan proaspăt ras

Răspândiți 3 oz / 75 g sos pe fundul unei tavi de 9 x 5 / 23 x 13 cm. Acoperiți cu o foaie de lasagna și 3 oz / 75 g brânză Ricotta și 1½ oz / 40 g brânză Mozzarella. Repetați straturile, terminând cu 75g / 3oz de sos deasupra. Se presara cu parmezan. Puneți recipientul pe suport într-o oală lentă de 5,5 litri/9½ litri. Acoperiți și gătiți la foc mic timp de 4 ore. Scoateți tava și lăsați să se răcească pe un grătar timp de 10 minute. Lasagna poate părea scufundată în centru, dar va deveni mai uniformă pe măsură ce se răcește.

Salata de paste cu vinete

Oțetul balsamic și sucul de lămâie adaugă o notă specială acestui preparat de vară cu paste. Se serveste cald sau la temperatura camerei.

pentru 6

1 vinete, aproximativ 450g / 1lb
200g / 7oz roșii, tocate grosier
3 arpagic, feliat
2 linguri otet balsamic sau de vin rosu
1 lingura ulei de masline
1-2 lingurite suc de lamaie
sare si piper negru proaspat macinat
12 oz / 350 g spaghete din grâu integral, fierte, la temperatura camerei
50 g/2 oz parmezan proaspăt ras

Înțepați vinetele de șase până la opt ori cu o furculiță și puneți-o în aragazul lent. Acoperiți și fierbeți până se înmoaie, aproximativ 4 ore. Lăsați să stea până se răcește suficient pentru a fi manipulat. Tăiați vinetele în jumătate. Scoateți pulpa și tăiați-o în bucăți de 2 cm / ¾. Se amestecă vinetele, roșiile, ceapa, oțetul, uleiul și sucul de lămâie. Se asezoneaza dupa gust cu sare si piper. Se amestecă cu pastele și parmezan.

Paste de legume cu condimente

Aceste paste au o minunată aromă mexicană.

Serve de la 6 la 8

6 conserve de 14 oz / 400 g roșii tăiate cubulețe
Cutie de 400 g / 14 oz fasole roșie, scursă și clătită
175g / 6oz piure de roșii
175 ml / 6 fl oz de bere sau apă
350 g / 12 oz Quorn sau carne tocată de soia cu aromă
2 cepe tocate
1 ardei verde tocat
2 catei de usturoi macinati
1 lingura zahar brun deschis
1 lingura pudra de cacao
1-2 linguri praf de chili
1-2 lingurite de chimen macinat
1-2 lingurite de oregano uscat
¼ linguriță cuișoare măcinate
175 g / 6 oz macaroane coate fierte
sare si piper negru proaspat macinat

Combinați toate ingredientele, cu excepția macaroanelor, sare și piper, într-o oală lentă de 5,5 litri/9½ litri. Acoperiți și gătiți la foc mic timp de 6 până la 8 ore, adăugând macaroanele în ultimele 30 de minute. Se asezoneaza dupa gust cu sare si piper.

Welsh rarebit

Acest amestec de brânză acidulat cu aromă de bere este, de asemenea, delicios servit peste felii de șuncă sau piept de pui și sparanghel pe pâine prăjită.

pentru 6

225 g / 8 oz brânză cheddar mărunțită
8 oz / 225 g brânză moale, la temperatura camerei
250 ml de bere
½ linguriță pudră de muștar uscat
½ linguriță sos Worcestershire vegetarian sau sos de ciuperci
ardei cayenne, dupa gust
6 felii de pâine multicereală prăjită
12 felii de roșii
boia și arpagic tocate, pentru a decora

Combinați brânzeturile, berea, muștarul și sosul Worcestershire în aragazul lent. Acoperiți și gătiți la foc mic până când brânzeturile s-au topit, aproximativ 2 ore, amestecând de două ori în timpul fierberii. Asezonați după gust cu piper cayenne. Aranjați pâinea prăjită pe farfurii de servire. Acoperiți cu roșiile feliate și turnați deasupra amestecul de rarebit. Se presara cu boia de ardei si arpagic tocat.

Caserolă cu macaroane și roșii

Mereu popular printre copii, acest fel de mâncare cremoasă cu macaroane este o mâncare delicioasă.

pentru 6

8 oz / 225 g macaroane mici gătite
1 lb / 450g roșii tăiate cubulețe, scurse
1 ceapa tocata
450 ml / ¾ litru lapte evaporat
1 lingura faina de porumb
3 oua, batute usor
50 g/2 oz parmezan proaspăt ras
½ lingurita de scortisoara macinata
½ lingurita de nucsoara proaspat rasa
½ lingurita sare
boia de ardei, pentru a decora

Combinați macaroanele, roșiile și ceapa în aragazul lent. Se amestecă restul ingredientelor, cu excepția boia de ardei, și se toarnă peste amestecul de macaroane. Acoperiți și fierbeți până când crema este fermă, aproximativ 3 ore. Se presară cu boia de ardei.

Penne cu patru brânzeturi

Mozzarella, cheddar, brânză albastră și parmezan fac din aceasta o combinație aromată de brânză și paste.

Porți 8

750 ml / 1¼ litri de lapte integral
75 g / 3 oz făină simplă
50 g / 2 oz mozzarella rasă
50 g / 2 oz brânză cheddar mărunțită
100 g brânză albastră, mărunțită
50 g/2 oz parmezan proaspăt ras
450g / 1lb penne, gătite al dente

Amesteca laptele si faina pana se omogenizeaza intr-un castron mare. Adăugați ingredientele rămase, cu excepția 15 g/½ oz parmezan și pastele. Adăugați pastele și turnați amestecul în aragazul lent. Se presară cu parmezanul rămas. Acoperiți și gătiți la foc mic timp de 3 ore.

Caserolă de legume pentru toate anotimpurile

Utilizați orice legume de sezon pentru acest amestec sănătos de legume.

pentru 4 persoane

375 ml / 13 fl oz bulion de legume
2 rosii medii, tocate
8 oz / 225 g fasole franțuzească, tăiată la jumătate
8 oz / 225 g cartofi noi mici, tăiați la jumătate
2 morcovi mici, feliați
2 napi, feliați
4 arpagic, feliat
½ linguriță maghiran uscat
¼ linguriță de cimbru uscat
4 felii vegetariene de „slănină", prăjite până devin crocante și mărunțite
100g / 4oz mazăre congelată, decongelată
6 inimioare de anghinare, taiate in patru
8 sparanghel tăiat bucăți scurte (5 cm / 2 inchi)
2 linguri de porumb
50 ml / 2 fl oz de apă
sare si piper negru proaspat macinat, dupa gust
75g / 3oz orez, fiert, fierbinte

Combinați toate ingredientele, cu excepția legumelor, mazărea, inimioare de anghinare, sparanghel, amidon de porumb, apă, sare, piper și orez în aragazul lent. Acoperiți și gătiți la foc mic timp de 6 până la 7 ore, adăugând feliile, mazărea, inimioare de anghinare și sparanghelul în ultimele 30 de minute. Adăugați făina de porumb combinată și apă, amestecând timp de 2-3 minute. Se asezoneaza dupa gust cu sare si piper. Serviți peste orez.

Chile cu atitudine

În această versiune vegetariană a unei rețete Cincinnati, chili de linte este aromat cu condimente și cacao și este servit peste spaghete.

pentru 6

450 ml / ¾ litru bulion de legume
Cutie de 400 g / 14 oz roșii tăiate cubulețe
75g / 3oz linte roșie uscată
1 ceapa tocata
3 catei de usturoi, macinati
1 lingurita ulei de masline
½ – 1 lingură pudră de chili
1 lingura pudra de cacao
½ lingurita de scortisoara macinata
¼ de linguriță de ienibahar măcinat
sare si piper negru proaspat macinat, dupa gust
350 g / 12 oz linguine, fierte, calde
garnituri: fasole, ceapa si ardei gras tocate, branza cheddar tocata

Combinați toate ingredientele, cu excepția sarii, piperului și linguinei, în aragazul lent. Acoperiți și gătiți la foc mic timp de 6 până la 8 ore. Dacă preferați o consistență mai groasă, gătiți, neacoperit, la High în ultimele 30 de minute. Se asezoneaza dupa gust cu sare si piper. Serviți peste linguini cu o varietate de garnituri.

Mix de Legume cu Topping Cobbler Chili

Aceasta este o rețetă de chili, dar se poate face fără ea. Ardeii Poblano sunt destul de blânzi, dar această rețetă include și pudră de chili, așa că ai grijă cât adaugi dacă nu-ți place prea iute.

pentru 6

2 cutii de 14 oz / 400 g roșii tăiate cubulețe
Cutie de 400 g / 14 oz mazăre cu ochi negri, scursă și clătită
Cutie de 400 g / 14 oz fasole roșie, scursă și clătită
4 cepe tocate
250g / 9oz dovlecei sau dovlecei, curățați și tăiați cuburi
1-3 chiles poblano sau ușoare, tocate grosier
1 ardei gras rosu, tocat grosier
1 ardei gras galben, tocat grosier
3 catei de usturoi, macinati
1-3 linguri pudra de chili, sau dupa gust
1½ – 2 lingurițe de chimen măcinat
¾ linguriță de oregano uscat
¾ lingurita maghiran uscat
100g / 4oz okra, tăiate și tăiate în jumătate
sare si piper negru proaspat macinat, dupa gust
3 chifle mari, tăiate în jumătate
praf de ardei iute
50 g / 2 oz brânză cheddar mărunțită

Combinați toate ingredientele, cu excepția bame, sare, piper, chifle, praf de chili și brânză, într-o oală lentă de 5,5 litri. Acoperiți și gătiți la foc mic timp de 6 până la 8 ore, adăugând bame în ultimele 30 de minute. Se asezoneaza dupa gust cu sare si piper. Puneți chiflele, tăiate în jos, deasupra amestecului. Se presară cu pudră de chili și brânză. Acoperiți și fierbeți până când brânza se topește, aproximativ 5 minute.

Caserolă de legume

Această caserolă colorată se servește peste mei sau cușcuș sănătos.

pentru 4 persoane

450 ml / ¾ litru bulion de legume
225g / 8oz ciuperci, feliate
225g / 8oz conopidă, în buchețele
225g / 8oz cartofi, tăiați cubulețe
2 cepe, tăiate felii
2 roșii, tăiate felii
2 catei de usturoi macinati
1 lingurita de cimbru uscat
1 frunză de dafin
2 dovlecei mici, feliați
sare si piper negru proaspat macinat, dupa gust
175g / 6oz mei sau cușcuș, fiert, fierbinte

Combinați toate ingredientele, cu excepția dovlecelului, sare, piper și mei sau cușcuș, în aragazul lent. Acoperiți și gătiți la foc mic timp de 6 până la 8 ore, adăugând dovlecelul în ultimele 30 de minute. Aruncați frunza de dafin, asezonați după gust cu sare și piper și serviți peste mei sau cușcuș în boluri puțin adânci.

Boabe de grâu cu linte

Boabele de grâu și lintea sunt combinate cu cartofi și legume pentru a face o masă sănătoasă și copioasă.

Porți 8

750 ml / 1¼ litri bulion de legume

100 g / 4 oz boabe de grâu

75g / 3oz linte maro sau verde uscată

700 g / 1½ lb cartofi făinoase, necurățați și tăiați cubulețe

2 cepe tocate

1 morcov feliat

1 tulpină de țelină, feliată

4 catei de usturoi, macinati

1 lingurita amestec de ierburi uscate

sare si piper negru proaspat macinat, dupa gust

Combinați toate ingredientele, cu excepția sării și piperului, în aragazul lent. Acoperiți și gătiți la foc mic timp de 6 până la 8 ore. Se asezoneaza dupa gust cu sare si piper.

Dovleac dulce-acru cu cartofi

Cidrul și mierea, plus mere și cartofi dulci, conferă acestei caserole de legume de casă aroma sa răcoritoare dulce-acrișoară.

pentru 6

Cutie de 400 g / 14 oz roșii tăiate cubulețe

250 ml de cidru

500g / 18oz dovleac, decojit și tăiat cuburi

500 g / 18 oz cartofi făinoase

350g / 12oz cartofi dulci, curățați și tăiați cuburi

2 mere de mâncare verzi acrișoare, nedecojite și tăiate felii

175 g / 6 oz porumb dulce

150 g / 5 oz eșalotă tocată

½ ardei gras rosu tocat

2 catei de usturoi macinati

1½ lingură miere

1½ lingură oțet de cidru

1 frunză de dafin

¼ lingurita de nucsoara proaspat rasa

2 linguri de porumb

50 ml / 2 fl oz de apă

sare si piper negru proaspat macinat, dupa gust

100g / 4oz orez basmati sau iasomie, fiert, fierbinte

Combinați toate ingredientele, cu excepția făinii de porumb, apă, sare, piper și orez, într-o oală lentă de 5,5 litri. Acoperiți și gătiți la foc mic timp de 6 până la 8 ore. Dați focul la mare și gătiți timp de 10 minute. Adăugați făina de porumb combinată și apă, amestecând timp de 2-3 minute. Aruncați frunza de dafin. Se asezoneaza dupa gust cu sare si piper. Serviți peste orez.

Ciuperci sălbatice cu Cannellini

Trei soiuri aromate de ciuperci proaspete fac din acesta un fel de mâncare minunat de bogat. Ciupercile uscate, înmuiate în apă fierbinte, pot fi înlocuite cu unele dintre ciupercile proaspete pentru și mai multă bogăție.

pentru 6

3 conserve de 14 oz / 400 g fasole cannellini, scurse și clătite
250 ml / 8 fl oz bulion de legume
120 ml / 4 fl oz vin alb sec sau supa de legume
8 oz / 225 g ciuperci portabella, tocate
175g / 6oz ciuperci shiitake, feliate

8 oz / 225 g ciuperci maro sau buton, feliate
100g / 4oz praz (numai părţile albe), feliate
1 ardei gras rosu tocat
1 ceapa tocata
3 căţei mari de usturoi, zdrobiţi
½ lingurita rozmarin uscat
½ linguriţă de cimbru
¼ de linguriţă de fulgi de chili tocaţi
300 g / 11 oz smog sau spanac, feliate
sare si piper negru proaspat macinat, dupa gust
Mămăligă

Combinaţi toate ingredientele, cu excepţia smogului, sare, piper şi mămăligă într-un cuptor lent de 5,5 litri. Se acoperă şi se găteşte la foc mic timp de 6 până la 7 ore, adăugând mătgul în ultimele 15 minute. Se asezoneaza dupa gust cu sare si piper. Se serveste peste mamaliga.

Caserola de legume cu bulghar

Bulgharul nutritiv ajută la îngroșarea acestui amestec ușor picant de ciuperci, rădăcinoase și ardei. Serviți cu pâine caldă de parmezan.

pentru 4 persoane

Cutie de 400 g / 14 oz roșii tăiate cubulețe
250 ml / 8 fl oz suc de roșii picant
2 morcovi mari, feliați gros
8 oz / 225 g ciuperci brune, tăiate la jumătate
175 g / 6 oz cartofi făinoase, necurățați și tocați
2 cepe tocate
1 ardei gras rosu, feliat gros
1 ardei gras verde, feliat gros
2-3 căței de usturoi, zdrobiți
50 g/2 oz bulghar
1 lingurita de cimbru uscat

1 lingurita oregano uscat
2 dovlecei cuburi
1 empanada de dovleac sau dovlecel galben, tăiat cubulețe
sare si piper negru proaspat macinat, dupa gust

Combinați toate ingredientele, mai puțin dovleceii, dovleceii, sare și piper, în aragazul lent. Acoperiți și gătiți la foc mare timp de 4-5 ore, adăugând dovleceii și dovleceii în ultimele 30 de minute. Se asezoneaza dupa gust cu sare si piper.

Linte usturoi cu legume

Această caserolă de linte este aromată cu ardei iute, ghimbir şi mult usturoi. Este foarte picant, dar poti ajusta condimentele dupa bunul plac. Amintiți-vă, totuși, că aromele se vor înmuia pe măsură ce caserola se găteşte.

Porţii 8

450 ml / ¾ litru bulion de legume
8 cartofi mici, tăiaţi cubuleţe
6 cepe, feliate
600 g / 1 lb 6 oz rosii, tocate
225g / 8oz morcovi, tocaţi
225 g / 8 oz fasole franţuzească
75g / 3oz linte maro sau verde uscată
1 până la 4 jalapenos mici sau alte ardei iute medii, zdrobite într-o pastă, sau 1 până la 2 linguriţe de piper cayenne
2,5 cm / 1 bucată rădăcină de ghimbir proaspăt, ras fin
1 baton de scortisoara
10 catei de usturoi

6 dinți întregi

6 păstăi de cardamom, zdrobite

1 lingurita turmeric macinat

½ lingurita de menta uscata macinata

8 oz / 225 g mazăre congelată, dezghețată

Sarat la gust

100 g / 4 oz cușcuș înmuiat, fierbinte

iaurt natural, pentru a decora

Combinați toate ingredientele, cu excepția mazării, a sarii și a cușcușului într-o oală lentă de 5,5 litri. Acoperiți și gătiți la foc mic timp de 6 până la 8 ore, adăugând mazărea în ultimele 15 minute. Asezonați după gust cu sare. Se servește peste cușcuș și se decorează cu linguri de iaurt.

Linte cu cuscus condimentat

Lintea maro pământoasă se gătește perfect în aragazul lent.

pentru 6

Cutie de 400 g / 14 oz roșii tăiate cubulețe
750 ml / 1¼ litri bulion de legume
350 g / 12 oz linte maro uscată
2 cepe tocate
1 ardei gras rosu sau verde tocat
1 tulpină mare de țelină, tocată
1 morcov mare, tocat
1 cățel de usturoi zdrobit
1 lingurita oregano uscat
½ linguriță de turmeric măcinat
sare si piper negru proaspat macinat, dupa gust
Couscous condimentat (vezi mai jos)

Combinați toate ingredientele, cu excepția sarii, piperului și cușcușului, într-o oală lentă de 5,5 litri. Acoperiți și gătiți la foc mic timp de 6 până la 8 ore. Se asezoneaza dupa gust cu sare si piper. Serviți peste cușcuș condimentat.

cuscus condimentat

Cușcușul este, de asemenea, un plus excelent pentru o masă de tip bufet sau de picnic.

pentru 6

2 arpagic, feliat
1 cățel de usturoi zdrobit
¼ de linguriță de fulgi de chili tocați
½ linguriță de turmeric măcinat
1 lingurita ulei de masline
300 ml / ½ gal bulion de legume
175 g / 6 oz cușcuș

Puneți ceapa ceapă, usturoiul, fulgii de ardei iute și turmeric în ulei într-o tigaie medie până când ceapa este fragedă, aproximativ 3 minute. Adăugați bulionul. Se încălzește până dă în clocot. Adăugați cușcușul. Se ia de pe foc și se lasă acoperit timp de 5 minute sau până când bulionul se absoarbe.

Caserolă cu fasole neagră și legume

Fasolea verde făcută în piure oferă îngroșarea perfectă pentru acest fel de mâncare.

pentru 6

375 ml / 13 fl oz bulion de legume
Cutie de 400 g / 14 oz fasole neagră, clătită și scursă
400 g / 14 oz cutie de fasole verde, piure
400g / 14oz roșii, tocate
4½ oz / 130 g ciuperci, feliate
1 dovlecel feliat
1 morcov feliat
1 ceapa tocata
3 catei de usturoi, macinati
2 foi de dafin
¾ linguriță de cimbru uscat
¾ linguriță de oregano uscat
100g / 4oz mazăre congelată, decongelată
sare si piper negru proaspat macinat, dupa gust
10 oz / 275 g tăiței, fierți, fierbinți

Combinați toate ingredientele, mai puțin mazărea, sarea, piperul și tăițeii, în aragazul lent. Acoperiți și gătiți la foc mare timp de 4-5 ore, adăugând mazărea în ultimele 15 minute. Aruncați frunzele de dafin. Se asezoneaza dupa gust cu sare si piper. Serviți peste tăiței.

Caserolă cu fasole și dovleac

Acest vas de fasole cu unt și fasole cu dovlecei rumeniți este gătit lent până la bunătatea savuroasă. Serviți cu pâine cu zară.

pentru 6

2 cutii de 14 oz / 400 g roșii tăiate cubulețe
Cutie de 400 g / 14 oz fasole roșie, scursă și clătită
Cutie de 400 g / 14 oz unt fasole, scursă și clătită
12 oz / 350 g dovlecei sau dovlecei, curățați și tăiați cuburi
3 cepe tocate
1½ ardei gras verde, tocat
2 căței de usturoi, de preferință prăjiți, zdrobiți
½ – ¾ linguriță de condimente italiene uscate cu ierburi
sare si piper negru proaspat macinat, dupa gust

Combinați toate ingredientele, cu excepția sării și piperului, în aragazul lent. Acoperiți și gătiți la foc maxim timp de 4 până la 5 ore. Se asezoneaza dupa gust cu sare si piper.

Fasole copioasă și orz cu spanac

Pâinea caldă și crustă ar fi acompaniamentul perfect pentru acest fel de mâncare consistent de năut și fasole.

pentru 6

2,25 litri / 4 halbe supa de legume
75g / 3oz năut uscat, scurs și clătit
75g / 3oz fasole, scursă și clătită
1 morcov feliat subțire
50g / 2oz orz perlat
175g / 6oz cartofi, tăiați cubulețe
1 dovlecel cubulețe
1 ceapă feliată
2 catei de usturoi macinati
25g / 1oz macaroane fierte, fierte
150g / 5oz spanac, feliat
2-4 linguri suc de lamaie
sare si piper negru proaspat macinat, dupa gust

Combinați toate ingredientele, cu excepția macaroanelor, spanacul, sucul de lămâie, sare și piper, într-o oală lentă de 5,5 litri. Acoperiți și fierbeți până când fasolea este fragedă, 6 până la 8 ore, adăugând macaroanele și spanacul în ultimele 20 de minute. Asezonați după gust cu suc de lămâie, sare și piper.

Caserolă de fasole dulci

Cidrul, cartofii dulci și stafidele dau acestui fel de mâncare cu fasole pinto o dulceață care se potrivește bine cu ardeii și condimentele. Serviți cu o lingură de pâine.

Porți 8

3 conserve de 14 oz / 400 g fasole pinto, scurse și clătite
2 conserve de 14 oz / 400 g Roșii cu Chilli, tăiate cubulețe, cu suc
175 ml cidru
2 ardei gras rosii sau verzi, tocati
3 cepe tocate
250g / 9oz cartofi dulci, curățați și tăiați cuburi
175 g / 6 oz dovlecel
2 catei de usturoi macinati
2 lingurite pudra de chili
1 lingurita de seminte de chimion, usor zdrobite
½ lingurita de scortisoara macinata
75g / 3oz stafide
sare si piper negru proaspat macinat, dupa gust

Combinați toate ingredientele, cu excepția stafidelor, sare și piper, într-o oală lentă de 9½ halți/5,5 litri. Acoperiți și gătiți la foc mic timp de 6 până la 8 ore, adăugând stafidele în ultimele 30 de minute. Se asezoneaza dupa gust cu sare si piper.

Tocană de fasole neagră și spanac

Cantitatea de ardei iute și ghimbir proaspăt din rădăcină din acest fel de mâncare bogat condimentat poate fi redusă dacă se dorește mai puțin picant.

Porți 8

3 conserve de 14 oz / 400 g fasole neagră, scursă și clătită
Cutie de 400 g / 14 oz roșii tăiate cubulețe
2 cepe tocate
1 ardei gras rosu taiat cubulete
1 dovlecel cubulețe
1-2 jalapeños sau alte ardei iute medii, tocate mărunt
2 catei de usturoi macinati
2,5 cm / 1 bucată rădăcină de ghimbir proaspăt, ras fin
1-3 lingurițe de chili pudră
1 lingurita chimen macinat
½ lingurita piper cayenne
225g / 8oz spanac, feliat
Sarat la gust
100 g / 4 oz orez, fiert, fierbinte

Combinați toate ingredientele, mai puțin spanacul, sarea și orezul, în aragazul lent. Acoperiți și gătiți la foc mic timp de 6 până la 7 ore, adăugând spanacul în ultimele 15 minute. Asezonați după gust cu sare. Serviți peste orez.

Legume și fasole dulci, picante și picante

Condimentele dulci și ardei iute se combină frumos în această caserolă umplută.

pentru 6

2 cutii de 14 oz / 400 g roșii tăiate cubulețe
Cutie de 400 g / 14 oz fasole neagră, scursă și clătită
400 g / 14 oz cutie de fasole pinto, scursă și clătită
375 ml / 13 fl oz bulion de legume
6 morcovi tăiați felii
6 cartofi cerati, nedecojiti si taiati cubulete
3 cepe tocate
1-3 lingurițe serrano sau alte ardei iute tocate mărunt
2 catei de usturoi macinati
1½ linguriță de oregano uscat
¾ lingurita de scortisoara macinata
½ linguriță cuișoare măcinate
1 frunză de dafin
1 lingura otet de vin rosu
sare si piper negru proaspat macinat, dupa gust

Combinați toate ingredientele, cu excepția sării și piperului, într-o oală lentă de 5,5 litri/9½ litri. Acoperiți și gătiți la foc mic timp de

6 până la 8 ore. Aruncați frunza de dafin. Se asezoneaza dupa gust cu sare si piper.

Fasole de iarnă cu rădăcini

Fasolea neagră și fasolea de unt sunt gătite aici cu rădăcinoase pentru a face un fel de mâncare satisfăcător de servit cu pâine sănătoasă cu usturoi.

pentru 6

Cutie de 400 g / 14 oz fasole neagră, scursă și clătită
Cutie de 400 g / 14 oz unt fasole, scursă și clătită
375 ml / 13 fl oz bulion de legume
2 cepe tocate
175g / 6oz cartofi taiati cu faina, curatati si taiati cuburi
175g / 6oz cartofi dulci, curățați și tăiați cuburi
1 roșie mare, tăiată felii
1 morcov feliat
65 g păstârnac, feliat
½ ardei verde tocat
2 catei de usturoi macinati
¾ linguriță de salvie uscată
2 linguri de porumb
50 ml / 2 fl oz de apă
sare si piper negru proaspat macinat, dupa gust

Combinați toate ingredientele, cu excepția făinii de porumb, apă, sare și piper, în aragazul lent. Acoperiți și gătiți la foc mic timp de 6 până la 7 ore. Adăugați făina de porumb combinată și apă, amestecând timp de 2-3 minute. Se asezoneaza dupa gust cu sare si piper.

Tofu condimentat cu legume

Chimen și cimbru aromă acest amestec de tofu, cartofi, morcovi și spanac. Tempeh funcționează bine și în această combinație și, la fel ca tofu, este o opțiune proteică sănătoasă.

pentru 4 persoane

1 litru / 1¾ halbe bulion bogat de ciuperci sau bulion de legume
275 g / 10 oz tofu ferm, tăiat cuburi (1 cm / ½ inch)
350g / 12oz cartofi cerati, curatati si feliati
2 morcovi mari, tăiați felii
1 ceapă feliată
1 tulpină de țelină, feliată
3 catei de usturoi, macinati
1 frunză de dafin
1 lingurita chimen macinat
½ linguriță de cimbru uscat
10 oz / 275 g spanac tocat congelat, dezghețat
15 g / ½ oz pătrunjel proaspăt, tocat mărunt
sare si piper negru proaspat macinat, dupa gust

Combinați toate ingredientele, mai puțin spanacul, pătrunjelul, sare și piper, în aragazul lent. Acoperiți și gătiți la foc mic timp de 6 până la 7 ore, adăugând spanacul în ultimele 20 de minute. Aruncați frunza de dafin. Se asezoneaza dupa gust cu sare si piper.

Caserolă de vinete, ardei și bame

Încercați această selecție picantă de legume cu pâine de porumb chili prăjită.

pentru 4 persoane

Cutie de 400 g / 14 oz roșii tăiate cubulețe

250 ml / 8 fl oz bulion de legume

1 morcov mare, feliat gros

1 dovlecel, feliat gros

1 vinete mică, curățată și tăiată cubulețe (2,5 cm / 1 inch)

¾ ardei gras verde, tocat grosier

¾ ardei gras rosu, tocat grosier

2 arpagic, feliat

4 catei de usturoi, macinati

225g / 8oz ceapă sau eșalotă

100g / 4oz okra, tăiate și feliate

2-3 lingurițe de muștar integral

Sos Tabasco, sare si piper negru proaspat macinat, dupa gust

Combinați toate ingredientele, cu excepția ceaiului verde, bame, muștar, sos Tabasco, sare și piper, într-un cuptor lent. Acoperiți și gătiți la foc mic timp de 6 până la 8 ore, adăugând ceapă sau ceașcă în ultima oră și bame în ultimele 30 de minute. Asezonați după gust cu muștar, sos Tabasco, sare și piper.

Tortellini de legume italiene cu brânză

Tortellini proaspete durează doar câteva minute pentru a se găti și au un gust grozav cu ardei gras, ciuperci și busuioc într-un sos de roșii.

pentru 4 persoane

400 g / 14 oz roșii conservate
400 ml / 14 fl oz bulion de legume
75g / 3oz ciuperci, feliate
1 ardei gras verde taiat felii
1 ceapa tocata marunt
¼ linguriță ienibahar
1 lingurita busuioc uscat
4 dovlecei mici, tăiați cubulețe
sare si piper negru proaspat macinat, dupa gust
250 g / 9 oz tortellini cu brânză proaspătă, fierte, fierbinți

Combinați toate ingredientele, cu excepția dovlecelului, sare, piper și tortellini, în aragazul lent. Acoperiți și gătiți la foc mare timp de 4-5 ore, adăugând dovlecelul în ultimele 30 de minute. Se asezoneaza dupa gust cu sare si piper. Serviți peste tortellini în boluri puțin adânci.

Naut columbian

Porumbul dulce, mazărea și legumele rădăcinoase se adaugă la un amestec de arome, care sunt accentuate de coriandru proaspăt.

Porții 8

2 cutii de 14 oz / 400 g roșii tăiate cubulețe
400 g / 14 oz cutie de năut, scurs și clătit
375 ml / 13 fl oz bulion de legume
120 ml / 4 fl oz vin alb sec sau supa de legume
4 cartofi, curatati si taiati cubulete
4 morcovi, feliați gros
4 tulpini de telina, feliate groase
2 cepe tocate
100 g / 4 oz porumb dulce, decongelat dacă este congelat
4 catei de usturoi, macinati
2 foi de dafin
1 lingurita de chimion uscat
¾ linguriță de oregano uscat
1½ lingură oțet de vin alb
100g / 4oz mazăre congelată, decongelată
1 oz / 25 g coriandru proaspăt, tocat
sare si piper negru proaspat macinat, dupa gust

Combinați toate ingredientele, mai puțin mazărea, coriandru, sare și piper, într-o oală lentă de 5,5 litri. Acoperiți și gătiți la foc mare timp de 4-5 ore, adăugând mazărea în ultimele 15 minute. Adăugați coriandru. Aruncați frunzele de dafin. Se asezoneaza dupa gust cu sare si piper.

Legume argentiniene

Această versiune vegetariană a unui fel de mâncare tradițional are multă aromă dulce-acrișoară și un fruct delicios din piersici proaspete.

pentru 12 persoane

2 cutii de 14 oz / 400 g roșii tăiate cubulețe
450 ml / ¾ litru bulion de legume
120 ml vin alb sec (optional)
500g / 18oz cartofi, curățați și tăiați cubulețe
500g / 18oz cartofi dulci sau dovleac, curățați și tăiați cuburi
4 cepe roșii, tocate grosier
1 ardei gras verde mare, tocat
5 catei de usturoi macinati
2 linguri de zahar brun
2 linguri de otet de vin alb
2 foi de dafin
1 lingurita oregano uscat
6 spice de porumb, fiecare tăiat în bucăți de 4 cm / 1½
1 kilogram / 450 g dovlecel, feliat gros
6 piersici mici, curatate de coaja si taiate in jumatate
sare si piper negru proaspat macinat, dupa gust

Combinați toate ingredientele, cu excepția porumbului, dovleceilor, piersicilor, sării și piperului, într-o oală lentă de 5,5 litri/9½ litri. Acoperiți și gătiți la foc mic timp de 6 până la 8 ore, adăugând porumb, dovlecel și piersici în ultimele 20 de minute. Aruncați frunzele de dafin. Se asezoneaza dupa gust cu sare si piper.

Caserolă cu fasole și macaroane

Acest fel de mâncare tradițională este o încrucișare între o supă și o caserolă - este groasă, bogată și aromată.

pentru 6

400 g / 14 oz cutie de fasole cannellini, scursă și clătită
Cutie de 400 g / 14 oz roșii prune italiene, tocate
450 ml / ¾ litru bulion de legume
1 morcov mare, feliat
1 tulpină mare de țelină, feliată
2 cepe tocate
1 cățel de usturoi zdrobit
½ linguriță de oregano uscat
½ lingurita busuioc uscat
75g / 3oz macaroane fierte, fierte
sare si piper negru proaspat macinat, dupa gust
parmezan proaspăt ras

Combinați toate ingredientele, cu excepția macaroanelor, sare, piper și brânză, în aragazul lent. Acoperiți și gătiți la foc mare timp de 4-5 ore, adăugând macaroanele în ultimele 15 minute. Se asezoneaza dupa gust cu sare si piper. Dați parmezanul pentru a presăra.

Naut cu ardei copti si mamaliga cremoasa

Folosește un sos de roșii preparat și ardei roșii prăjiți dintr-un borcan pentru a adăuga o aromă rapidă năutului. În această rețetă poate fi folosită și mămăligă la gătit.

pentru 4 persoane

400 g / 14 oz cutie de năut, scurs și clătit
400 g / 14 oz sos de roșii preparat
400 g / 14 oz roșii conservate
200g / 7oz ardei gras roșii prăjiți dintr-un borcan, scurși și tocați
1 ceapa tocata
1 cățel de usturoi zdrobit
1 linguriță de condimente italiene uscate cu ierburi
1 dovlecel cubulețe
sare si piper negru proaspat macinat, dupa gust
1 oz / 25 g parmezan proaspăt ras
mămăligă la microunde

Combinați toate ingredientele, cu excepția dovlecelului, sarea, piperul, brânza și mămăligă la microunde, în aragazul lent. Acoperiți și gătiți la foc mare timp de 2-3 ore, adăugând dovlecelul în ultimele 30 de minute. Se asezoneaza dupa gust cu sare si piper. Adăugați parmezanul în mămăliga la microunde. Serveşte caserola peste mămăligă la microunde.

Ratatouille cu feta aioli

Brânza feta grecească adaugă o notă de binevenită acestei caserole mediteraneene.

pentru 4 persoane

2 cutii de 14 oz / 400 g roșii tăiate cubulețe
1 vinete cubulete
2 cepe tocate marunt
1 ardei gras galben, feliat
3 catei de usturoi, macinati
2 lingurițe de condimente italiene uscate cu ierburi
2 dovlecei mici, tăiați în jumătate și feliați subțiri
sare si piper negru proaspat macinat, dupa gust
Feta Alioli (vezi mai jos)

Combinați toate ingredientele, cu excepția dovlecelului, sare, piper și Feta Alioli, în aragazul lent. Acoperiți și gătiți la foc mare timp de 4-5 ore, adăugând dovlecelul în ultimele 30 de minute. Se asezoneaza dupa gust cu sare si piper. Serviți cu Feta Alioli.

Aioli cu brânză feta

Brânza Feta aduce o aciditate sărată delicioasă acestui aioli.

pentru 4 persoane

1 oz / 25 g brânză feta, mărunțită
50 ml / 2 fl oz maioneză
2-3 căței de usturoi, zdrobiți

Procesați toate ingredientele într-un robot de bucătărie sau blender până la omogenizare.

Bame cu curry și porumb dulce cu cușcuș

Servește aceste legume picante cu o gamă de garnituri pentru a oferi accente de aromă.

pentru 4 persoane

250 ml / 8 fl oz bulion de legume
8 oz / 225 g bame, vârfuri tăiate
100 g / 4 oz porumb dulce, decongelat dacă este congelat
75g / 3oz ciuperci, feliate
2 cepe tocate
2 morcovi tăiați felii
2 rosii tocate
1 cățel de usturoi zdrobit
1½ linguriță pudră de curry
100 g / 4 oz cușcuș
sare si piper negru proaspat macinat, dupa gust
acompaniamente: iaurt natural, stafide, castraveți tocați, alune și roșii tocate

Combinați toate ingredientele, cu excepția cuşcuşului, sare și piper, în aragazul lent. Acoperiți și gătiți la foc maxim timp de 4 până la 5 ore. Adăugați cuşcuşul și stingeți focul. Acoperiți și lăsați să stea 5 până la 10 minute. Se asezoneaza dupa gust cu sare si piper. Serviți cu acompaniamente.

tajine de legume

În bucătăria marocană, tajinele sunt gătite în mod tradițional în vase de lut, numite și tajine, cu cușcușul aburind peste caserolă. Versiunea slow cooker păstrează toată savoarea legumelor. Gătiți cușcușul separat și păstrați-l la cald pentru a servi.

pentru 6

2 cutii de 14 oz / 400 g roșii tăiate cubulețe
400 g / 14 oz cutie de năut, scurs și clătit
120 ml / 4 fl oz bulion de legume sau suc de portocale
200 g / 7 oz fasole franțuzească, tăiată în bucăți scurte
175g / 6oz dovleac butternut sau dovleac ghinda, tocat
150g / 5oz nap sau nap, tocat
175 g / 6 oz prune fără sâmburi, tăiate
1 ceapa tocata
1 morcov feliat
1 tulpină de țelină, feliată
1–2 cm / ½ – ¾ bucăți de rădăcină proaspătă de ghimbir, ras fin
1 cățel de usturoi zdrobit
1 baton de scortisoara
2 lingurite boia
2 lingurite chimen macinat
2 lingurite coriandru macinat
1½ oz / 40 g măsline negre mici fără sâmburi
sare si piper negru proaspat macinat, dupa gust

8 oz / 225 g cuşcuş, fiert, fierbinte

Combinați toate ingredientele, cu excepția măslinelor negre, sare, piper și cuşcuş, într-o oală lentă de 5,5 litri/9½ litri. Acoperiți şi gătiți la foc mare timp de 4-5 ore, adăugând măslinele în ultimele 30 de minute. Se asezoneaza dupa gust cu sare si piper. Serviți peste cuşcuş.

tofu spaniol

Un preparat delicios care adună culorile și aromele mediteraneene. Ar funcționa bine și cu Quorn.

pentru 4 persoane

Cutie de 400 g / 14 oz roșii tăiate cubulețe
175 ml / 6 fl oz bulion de legume
275 g / 10 oz tofu ferm, tăiat cuburi (2,5 cm / 1 inch)
2 cepe tocate
1 dovlecel, taiat cubulete
100 g / 4 oz ciuperci
1 morcov mare, feliat
1 cățel de usturoi zdrobit
1 fâșie de coajă de portocală
½ linguriță de cimbru uscat
½ linguriță de oregano uscat
2 linguri de porumb
50 ml / 2 fl oz de apă
sare si piper negru proaspat macinat, dupa gust
75g / 3oz cuscus sau orez, fiert, fierbinte

Combinați toate ingredientele, cu excepția făinii de porumb, apă, sare, piper și cușcuș sau orez, în aragazul lent. Acoperiți și gătiți la foc mic timp de 6 până la 7 ore. Adăugați făina de porumb combinată și apă, amestecând timp de 2-3 minute. Se asezoneaza dupa gust cu sare si piper. Serviți peste cușcuș sau orez.

Amestecul de legume cu couscous

Acest favorit marocan este plin de arome și legume picante.

pentru 12 persoane

3 conserve de năut de 14 oz / 400 g, scurs și clătit
450–750 ml / ¾ – 1¼ litri supa de legume
1 varză mică, tăiată în 12 felii
1 vinete mare, tăiată cubulețe
225g / 8oz morcovi, feliați
225g / 8oz cartofi mici, tăiați cubulețe
225g / 8oz napi, tăiați cubulețe
225 g / 8 oz fasole franțuzească, tăiată în bucăți scurte
8 oz / 225 g dovleac sau dovleac, curățați și tăiați cuburi
4 roșii, tăiate în sferturi
3 cepe tocate
3 catei de usturoi, macinati
2 lingurite de scortisoara macinata
1 lingurita boia
½ linguriță de ghimbir măcinat
½ linguriță de turmeric măcinat
10 oz / 275 g inimioare de anghinare conservate, scurse, tăiate în sferturi
75g / 3oz stafide
25g / 1oz patrunjel tocat
sare si piper cayenne, dupa gust
450 g / 1 liră cușcuș, fiert, fierbinte

Combinați fasolea, bulionul, legumele proaspete, usturoiul și condimentele într-o oală lentă de 5,5 litri. Acoperiți și gătiți la foc mic timp de 5-7 ore, adăugând inimile de anghinare, stafidele și pătrunjelul în ultimele 30 de minute. Asezonați după gust cu sare și piper cayenne. Serviți peste cuşcuș.

Caserolă africană de cartofi dulci

O pastă de usturoi condimentată condimentează această caserolă de năut, cartofi dulci și bame.

pentru 6

2 conserve de năut de 400 g / 14 oz, scurs și clătit
2 cutii de 14 oz / 400 g roșii tăiate cubulețe
375 ml / 13 fl oz bulion de legume
700 g / 1½ lb cartofi dulci, curățați și tăiați cuburi
2 cepe, feliate subțiri
Pastă de condiment pentru usturoi (vezi mai jos)
175g / 6oz okra, tăiate și tăiate în bucăți scurte
sare si piper negru proaspat macinat, dupa gust
Sos Tabasco, dupa gust
175 g / 6 oz cușcuș, fiert, fierbinte

Combinați toate ingredientele, cu excepția bame, sare, piper, sos Tabasco și cușcuș, într-o oală lentă de 5,5 litri. Acoperiți și gătiți la foc mare timp de 4-5 ore, adăugând bame în ultimele 45 de minute. Asezonați după gust cu sare, piper și sos Tabasco. Serviți peste cușcuș.

pasta de condiment pentru usturoi

O pastă utilă pentru condimentarea tocanelor, în special a celor vegetariene.

pentru 6

6 catei de usturoi
2 x 5 mm / ¼ felii de rădăcină proaspătă de ghimbir
2 lingurite boia
2 linguriţe de seminţe de chimen
½ lingurita de scortisoara macinata
1-2 linguri de ulei de măsline

Procesaţi toate ingredientele într-un robot de bucătărie sau blender până la omogenizare. Sau, zdrobiţi usturoiul şi răzuiţi fin ghimbirul, apoi zdrobiţi-l cu celelalte ingrediente pentru a face o pastă.

stroganoff de legume

Un fel de mâncare caldă pentru nopțile reci de iarnă. Înlocuiți napi, păstârnac sau napi cu unul dintre cartofi, dacă doriți.

pentru 6

375 ml / 13 fl oz bulion de legume
225g / 8oz ciuperci, tăiate în jumătate
3 cepe, feliate subțiri
2 cartofi făinoși, curățați și tăiați cubulețe
2 cartofi dulci, curatati si taiati cubulete
1 lingură muștar praf uscat
1 lingura de zahar
100g / 4oz mazăre congelată, decongelată
250 ml / 8 fl oz smântână
2 linguri de porumb
sare si piper negru proaspat macinat, dupa gust
275 g / 10 oz tăiței, fierți, fierbinți

Combinați toate ingredientele, cu excepția mazării, smântână, făină de porumb, sare, piper și tăiței, într-o oală lentă de 9 ½ litri/5,5 litri. Acoperiți și gătiți la foc mic timp de 6 până la 8 ore, adăugând mazărea în ultimele 30 de minute. Adăugați smântâna combinată și făina de porumb, amestecând timp de 2 până la 3 minute. Se asezoneaza dupa gust cu sare si piper. Serviți peste tăiței.

Ragu de varză cu piure de cartofi adevărat

Accentele aromatice pronunțate de fenicul proaspăt, rădăcină proaspătă de ghimbir și de măr fac această caserolă cu varză și vinete deosebit de gustoasă.

pentru 6

550 g / 1¼ lb vinete, cuburi (2,5 cm / 1 inch)
450 ml / ¾ litru bulion de legume
900g / 2lb varză, feliată subțire
2 cepe tocate
½ bulb de fenicul sau 1 tulpină de țelină, feliată subțire
3 căței mari de usturoi, zdrobiți
2,5 cm / 1 bucată rădăcină de ghimbir proaspăt, ras fin
1 linguriță de semințe de fenicul, zdrobite
2 mere de mâncare, decojite și tocate grosier
250 ml / 8 fl oz smântână
2 linguri de porumb
sare si piper negru proaspat macinat, dupa gust
piure de cartofi regal

Combinați ingredientele, cu excepția merelor, smântână, făină de porumb, sare, piper și piure de cartofi, într-o oală lentă de 9½ litri / 5,5 litri. Acoperiți și gătiți la foc mic timp de 6 până la 8 ore, adăugând merele în ultimele 20 de minute. Dați focul la mare și gătiți timp de 10 minute. Adăugați smântâna combinată și făina de porumb, amestecând timp de 2 până la 3 minute. Se asezoneaza dupa gust cu sare si piper. Serviți peste piure de cartofi adevărat în boluri puțin adânci.

Dovleac și gulaș de cartofi

Acest gulaș ar fi delicios și cu orez cu spanac în loc de tăiței.

pentru 6

14 oz / 400 g roșii conservate, tocate
250 ml / 8 fl oz bulion de legume
120 ml / 4 fl oz vin alb sec sau supa suplimentară de legume
500g / 18oz dovleac, decojit și tăiat cuburi
500g / 18oz cartofi făinoase, curățați și tăiați cuburi
1½ ardei gras roșu, tăiat cubulețe
1½ ardei gras verde, taiat cubulete
2 cepe, tocate grosier
1 cățel de usturoi zdrobit
1-2 lingurițe de semințe de chimen, ușor zdrobite
3 linguri boia de ardei
250 ml / 8 fl oz smântână
2 linguri de porumb
sare si piper negru proaspat macinat, dupa gust
275g / 10oz tăiței largi, fierți, fierbinți

Combinați toate ingredientele, cu excepția boia de ardei, smântână, făina de porumb, sare, piper și tăiței, într-o oală lentă de 9½ litri/5,5 litri. Acoperiți și gătiți la foc mic timp de 6 până la 8 ore. Adăugați boia de ardei și smântână combinată și făina de porumb, amestecând timp de 2 până la 3 minute. Se asezoneaza dupa gust cu sare si piper. Serviți peste tăiței.

Fulgi de ovăz cu arțar V

Lăsați micul dejun să gătească în timp ce dormi - acesta este cel mai bun mic dejun vreodată!

Pentru 4 până la 6 porții

100 g / 4 oz de ovăz
1 litru / 1¾ litri de apă
175g / 6oz sirop de artar,
3 oz / 75 g fructe uscate, tocate
20 g / ¾ oz unt sau margarină
½ lingurita sare

Combinați toate ingredientele în slow cooker. Acoperiți și gătiți la foc mic timp de 6 până la 8 ore.

Cereale multicereale pentru micul dejun

O cereale pentru micul dejun plină cu ingrediente puternice pentru a vă pregăti pentru ziua următoare.

Pentru 4 până la 6 porții

50g / 2oz ovăz cu un cap de ac
25 g / 1 ovăz
25 g / 1 oz boabe de grâu
1 litru / 1¾ litri de apă
175g / 6oz sirop de artar,
3 oz / 75 g fructe uscate, tocate
20 g / ¾ oz unt sau margarină
½ lingurita sare
40 g / 1½ oz mei sau quinoa

Combinați toate ingredientele, cu excepția meiului sau a quinoei, în aragazul lent. Acoperiți și gătiți la foc mic timp de 6 până la 8 ore. Prăjiți meiul sau quinoa într-o tigaie mică la foc mediu și amestecați în aragazul lent. Acoperiți și gătiți la foc mic încă 1 oră.

sos de mere gros

Excelent servit cald sau rece, ca acompaniament de carne, vânat sau peşte gras, sau ca topping pentru prăjiturile cu budincă.

pentru 6

1,5 kg / 3 lb mere de consum, decojite şi tocate grosier
150 ml / ¼ litru de apă
100 g / 4 oz zahăr pudră
scorţişoară măcinată

Combinaţi toate ingredientele, mai puţin scorţişoara, în slow cooker. Acoperiţi şi gătiţi la foc mare până când merele sunt foarte moi şi formează un sos când sunt amestecate, 2 până la 2 1/2 ore. Se presară cu scorţişoară şi se serveşte.

Anghinare cu sos simulat olandez

Sosul olandez simulat este, de asemenea, excelent servit peste sparanghel, broccoli sau conopidă.

pentru 4 persoane

4 anghinare mici întregi, tulpinile îndepărtate
1 lămâie tăiată în sferturi
175 ml / 6 fl oz de apă
Sos olandez fals (vezi mai jos)

Tăiați 1 inch de deasupra anghinarelor și aruncați-o. Stoarceți o felie de lămâie peste fiecare anghinare și puneți-le în aragazul lent. Adăugați 2,5 cm / 1 apă în aragazul lent. Acoperiți și gătiți la foc mare până când anghinarea sunt fragede (frunzele de pe fund se vor desprinde ușor), 3½ până la 4 ore. Scoateți anghinarea și acoperiți cu folie de aluminiu pentru a se menține cald. Aruncați apa din aragazul lent. Pregătiți sosul olandez simulat și serviți-l cu anghinare pentru înmuiere.

Sos olandez simulat

Acest lucru se poate face și pe blat. Gatiti ingredientele intr-o tigaie mica la foc mediu-mic, amestecand pana se omogenizeaza.

pentru 4 persoane

175 g / 6 oz brânză moale, la temperatura camerei
75 ml / 2½ fl oz smântână
3-4 linguri de lapte semi-degresat
1-2 lingurite suc de lamaie
½ – 1 linguriță de muștar de Dijon
un praf de turmeric macinat (optional)

Pune toate ingredientele în slow cooker. Acoperiți și gătiți la foc mare până când brânza se topește și amestecul este cald, aproximativ 10 minute, amestecând o dată sau de două ori pentru a se amesteca.

Sparanghel italian și fasole albă

O garnitură consistentă de servit cu carne la grătar sau prăjită.

Porții 8

400 g / 14 oz cutie de fasole cannellini, scursă și clătită

175 ml / 6 fl oz bulion de legume

14 oz / 400 g roșii prune, tocate

1 morcov mare, tocat

1 lingurita rozmarin uscat

450 g / 1 lb sparanghel, feliat (5 cm / 2 inchi)

sare si piper negru proaspat macinat

225 g / 8 oz linguine sau spaghete subțiri, fierte, fierbinți

25–50 g / 1–2 oz parmezan proaspăt ras

Combinați fasolea, bulionul, roșiile, morcovul și rozmarinul în aragazul lent. Acoperiți și gătiți la foc mare până când morcovii sunt fragezi, aproximativ 3 ore, adăugând sparanghelul în ultimele 30 de minute. Se asezoneaza dupa gust cu sare si piper. Se amestecă cu linguine și brânză.

Fasole franțuzească în stil grecesc

Fasolea proaspătă este gătită cu roșii, ierburi și usturoi.

Se servește 8 până la 10

450 g / 1 kilogram de fasole franțuzească
2 cutii de 14 oz / 400 g roșii tăiate cubulețe
1 ceapa tocata
4 catei de usturoi, macinati
¾ linguriță de oregano uscat
¾ lingurita busuioc uscat
sare si piper negru proaspat macinat

Combinați toate ingredientele, cu excepția sării și piperului, în aragazul lent. Acoperiți și gătiți la foc mare până când fasolea este doar fragedă, aproximativ 4 ore. Se asezoneaza dupa gust cu sare si piper.

Fasole franceză orientală

Un fel de mâncare grozav de servit cu carne sau pasăre.

pentru 4 persoane

275g / 10oz fasole franțuzească, tăiată în jumătate
½ ceapă tocată
¼ ardei gras rosu tocat
2 cm / ¾ bucăți de rădăcină proaspătă de ghimbir, ras fin
2 catei de usturoi macinati
120 ml / 4 fl oz de apă
5 oz / 150 g fasole neagră sau aduki conservată, scursă
50g / 2oz castane de apă feliate
1 lingura otet de vin de orez
1-2 lingurite de tamari
sare si piper negru proaspat macinat

Combinați fasolea, ceapa, ardeiul gras, ghimbirul, usturoiul și apa în aragazul lent. Acoperiți și gătiți la foc mare până când fasolea este frageda, aproximativ 1 1/2 oră. A se scurge. Adăugați restul ingredientelor, mai puțin sare și piper. Acoperiți și gătiți la foc mare timp de 30 de minute. Se asezoneaza dupa gust cu sare si piper.

Caserolă cu fasole franțuzească

Ingredientele proaspete fac posibil acest vechi favorit într-o formă mai sănătoasă.

pentru 6

Cutie de 11 oz / 300 g Cremă de ciuperci
120 ml smantana
50 ml / 2 fl oz lapte semi-degresat
10 oz / 275 g fasole franțuzească feliată congelată, dezghețată
sare si piper negru proaspat macinat
½ cană ceapă prăjită la conserva

Combinați supa, smântâna și laptele în aragazul lent. Adăugați fasolea franțuzească. Acoperiți și gătiți la foc mic timp de 4 până la 6 ore. Se asezoneaza dupa gust cu sare si piper. Adăugați ceapa chiar înainte de servire.

Fasole verde supremă

O variantă luxoasă a rețetei anterioare.

pentru 6

3 oz / 75 g ciuperci brune, feliate
1 lingura de unt sau ulei de masline
2 arpagic, feliat subțire
Cutie de 11 oz / 300 g Cremă de ciuperci
120 ml smantana
50 ml / 2 fl oz lapte semi-degresat
10 oz / 275 g fasole franțuzească feliată congelată, dezghețată
sare si piper negru proaspat macinat
4 felii de bacon fiert crocant, maruntit

Se calesc ciupercile în unt sau ulei de măsline până se înmoaie. Combinați ciupercile, ceapa, supa, smântâna și laptele în aragazul lent. Adăugați fasolea franțuzească. Acoperiți și gătiți la foc mic timp de 4 până la 6 ore. Se asezoneaza dupa gust cu sare si piper. Adăugați bacon chiar înainte de servire.

Fasole la cuptor de Santa Fe

Aceste fasole coapte sunt picante, dulci și picante. Modificați cantitățile de ardei iute pentru nivelul de căldură preferat!

Porți 8

2 cepe tocate
½ poblano sau alt ardei iute blând sau ardei gras verde mic, tocat
½ – 1 ardei serrano sau jalapeño, tocat mărunt
2 conserve de 14 oz / 400 g fasole pinto, scurse și clătite
100 g / 4 oz porumb dulce, decongelat dacă este congelat
6 roșii uscate la soare (nu în ulei), înmuiate și feliate
2-3 linguri de miere
½ linguriță de chimen măcinat
½ linguriță de cimbru uscat
3 foi de dafin
sare si piper negru proaspat macinat, dupa gust
50g / 2oz brânză feta, mărunțită
15 g / ½ oz coriandru proaspăt, tocat mărunt

Combinați toate ingredientele, cu excepția sării, piperului, brânzei și coriandru, în aragazul lent. Se asezoneaza dupa gust cu sare si piper. Acoperiți și gătiți la foc mic timp de 5 până la 6 ore, stropind cu brânză și coriandru proaspăt în ultimele 30 de minute.

Coacerea de fasole toscană

Fasolea Cannellini are parfum de lămâie și este asezonată cu roșii uscate la soare, usturoi și ierburi în această coacere ușoară.

pentru 6

3 conserve de 14 oz / 400 g fasole cannellini
250 ml / 8 fl oz bulion de legume
1 ceapa tocata
½ ardei gras rosu tocat
2 catei de usturoi macinati
1 lingurita de salvie uscata
1 lingurita rozmarin uscat
2-3 lingurite coaja de lamaie
6 roșii uscate la soare (nu în ulei), înmuiate și feliate
sare si piper negru proaspat macinat, dupa gust

Combinați toate ingredientele, cu excepția sării și piperului, în aragazul lent. Acoperiți și gătiți la foc mic până când fasolea este groasă, 5 până la 6 ore. Condimentați cu sare și piper.

Coace de fasole neagră braziliană

Aromele festive ale Braziliei se reunesc în acest fel de mâncare irezistibil.

pentru 12 persoane

4 cepe tocate

1 până la 2 linguri jalapeno tocate mărunt sau alt chili iute mediu

2,5-5 cm / 1-2 bucăți rădăcină de ghimbir proaspăt, ras fin

4 conserve de 14 oz / 400 g fasole neagră, scursă și clătită

2 cutii de 14 oz / 400 g roșii tăiate cubulețe

175 g / 6 oz miere

100 g / 4 oz zahăr brun deschis

¾ linguriță de cimbru uscat

¾ linguriță de chimen măcinat

sare si piper negru proaspat macinat, dupa gust

½ mango, feliat

½ banană, feliată

Combinați toate ingredientele, mai puțin sarea, piperul, mango și banana, în aragazul lent. Se asezoneaza dupa gust cu sare si piper. Acoperiți și gătiți la foc mic până când fasolea este groasă, 5 până la 6 ore. Acoperiți cu mango și pătlagină înainte de servire.

Fasole la cuptor cu ghimbir

Coacerea lentă adaugă bunătate acestui preparat special de fasole și ghimbir.

Pentru 2 până la 4 porții

3 cepe tocate
5-7,5 cm / 2-3 in radacina de ghimbir proaspat, tocata marunt
3-4 căței de usturoi, zdrobiți
4 conserve de 14 oz / 400 g fasole cannellini, scurse și clătite
100 g / 4 oz zahăr brun deschis
175 g / 6 oz sos de roșii preparat
175 g / 6 oz sirop de aur
1 linguriță pudră de muștar uscat
1 lingurita de ghimbir macinat
1 lingurita de cimbru uscat
¼ lingurita de scortisoara macinata
¼ de linguriță de ienibahar măcinat
2 foi de dafin
piper negru proaspăt măcinat, după gust
50g / 2oz fursecuri din turtă dulce, zdrobite grosier

Combinați toate ingredientele, cu excepția ardeiului și a firimiturii de ghimbir, în slow cooker. Se asezoneaza dupa gust cu piper.

Acoperiți și gătiți la foc mic până se îngroașă, aproximativ 6 ore, amestecând pesmeturile de ghimbir pentru ultima oră. Aruncați frunzele de dafin.

Sfecla de Dijon

Muștarul se asortează uimitor de bine cu aroma pământească a sfeclei. De asemenea, puteți încerca muștaruri diferite, cum ar fi muștarul de hrean, muștarul integral sau mierea.

pentru 4 persoane

450 g / 1 lb sfeclă roșie, curățată și tăiată cubulețe (1 cm / ½ inch)
1 ceapa mica tocata marunt
2 catei de usturoi macinati
75 ml / 2½ fl oz smântână
1 lingura faina de porumb
2 linguri muștar de Dijon
2-3 lingurite suc de lamaie
sare si piper alb, dupa gust

Combinați sfecla, ceapa, usturoiul și smântâna în aragazul lent. Acoperiți și gătiți la foc mare până când sfecla este fragedă, aproximativ 2 ore. Adăugați făina de porumb, muștarul și sucul de lămâie combinate, amestecând timp de 2 până la 3 minute. Se asezoneaza dupa gust cu sare si piper.

sfecla rosie cu miere

Sfecla se curata usor daca este gatita cu pielea; doar clatiti cu apa rece si pielea poate fi indepartata. Apoi gătiți-le din nou într-un amestec dulce-acru cu nuci și fructe uscate.

pentru 6

700 g / 1½ lb sfeclă medie, nedecojită
450 ml / ¾ litru de apă fierbinte
½ ceapa rosie, tocata foarte fin
2 catei de usturoi macinati
40 g / 1½ oz coacăze sau stafide
3-4 linguri de nuci prajite
75 g / 3 oz miere
2-3 linguri de otet de vin rosu
1 lingura de unt
sare si piper negru proaspat macinat, dupa gust

Combinați sfecla și apa în aragazul lent. Acoperiți și gătiți la foc mare până când sfecla este fragedă, 2 până la 2 1/2 ore. A se scurge. Curățați sfecla roșie și tăiați-o în cuburi de 2 cm / ¾. Combinați sfecla și restul ingredientelor, cu excepția sării și piperului, în slow cooker. Acoperiți și gătiți la foc mare timp de 20 până la 30 de minute. Se asezoneaza dupa gust cu sare si piper.

Varza de Bruxelles glazurata cu zahar si ceapa primavara

Ceapa mica murata are un gust grozav cu varza de Bruxelles in acest fel de mancare usor. Pentru o curățare rapidă, mai întâi se fierbe ceapa în apă clocotită timp de 1 minut.

Pentru 4 până la 6 porții

225 g / 8 oz varză de Bruxelles mici, tăiate la jumătate dacă sunt mari
225 g / 8 oz ceapă primăvară
375 ml / 13 fl oz de apă fierbinte
15 g / ½ oz unt
50 g / 2 oz zahăr pudră
sare si piper alb, dupa gust

Combinați varza de Bruxelles, ceapa și apa în aragazul lent. Acoperiți și gătiți la foc mare până se înmoaie, aproximativ 2 ore. A se scurge. Adăugați untul și zahărul. Acoperiți și gătiți la foc mare până se glazurează, aproximativ 10 minute. Se asezoneaza dupa gust cu sare si piper.

Varză înăbușită la vin

Semințele de anason și de chimen, cu slănină gătită crocantă, adaugă o dimensiune de aromă varzei.

Pentru 4 până la 6 porții

1 varză, feliată subțire
2 cepe mici tocate
½ ardei verde tocat
3 catei de usturoi, macinati
½ linguriță de semințe de chimen, zdrobite
½ linguriță de semințe de anason, zdrobite
50 ml / 2 fl oz bulion de legume
50 ml / 2 fl oz vin alb sec
2 bucăți de bacon, tăiate cubulețe, fierte până devin crocante și scurse
sare si piper negru proaspat macinat, dupa gust

Combinați toate ingredientele, cu excepția slănii, sare și piper, în aragazul lent. Acoperiți și gătiți la foc mare până când varza este fragedă, 3 până la 4 ore. Adauga baconul. Se asezoneaza dupa gust cu sare si piper.

cremă de varză

Un acompaniament excelent pentru friptura de duminică, în special carnea de porc, dar și fripturile vegetariene cu nuci.

Pentru 4 până la 6 porții

1 varză, feliată subțire
2 cepe mici tocate
½ ardei verde tocat
3 catei de usturoi, macinati
½ linguriță de semințe de chimen, zdrobite
½ linguriță de semințe de anason, zdrobite
50 ml / 2 fl oz bulion de legume
50 ml / 2 fl oz vin alb sec
120 ml smantana
1 lingura faina de porumb
sare si piper negru proaspat macinat, dupa gust

Combinați toate ingredientele, cu excepția smântână, făina de porumb, sare și piper, în aragazul lent. Acoperiți și gătiți la foc mare până când varza este fragedă, 3 până la 4 ore. Adăugați smântâna combinată și făina de porumb. Acoperiți și gătiți la foc mic timp de 5 până la 10 minute. Se asezoneaza dupa gust cu sare si piper.

Piure de morcovi cu ghimbir

Acest piure de legume tradițional francez poate fi făcut cu ușurință în aragazul lent. Are o aromă intensă și o textură catifelată.

Serve de la 6 la 8

900g / 2lb morcovi, feliați
350g / 12oz cartofi făinoase, curățați și tăiați cuburi
250 ml / 8 fl oz de apă
15-25 g / ½ - 1 oz unt sau margarină
50-120 ml / 2-4 fl oz lapte semi-degresat, cald
½ linguriță de ghimbir măcinat
sare si piper negru proaspat macinat, dupa gust

Combinați morcovii, cartofii și apa în aragazul lent. Acoperiți și gătiți la foc mare până când legumele sunt foarte fragede, aproximativ 3 ore. Scurgeți bine. Procesați morcovii și cartofii într-un robot de bucătărie sau blender până la omogenizare. Reveniți la aragazul lent. Gatiti la foc iute, neacoperit, pana cand amestecul este foarte gros, aproximativ 30 de minute, amestecand din cand in cand. Bateți untul sau margarina și suficient lapte în amestec pentru a obține o consistență cremoasă. Adăugați ghimbirul măcinat. Se asezoneaza dupa gust cu sare si piper.

Piure de conopidă și fenicul

Cel mai simplu mod de a pregăti conopida este să o despărțiți în buchețe mici.

Serve de la 6 la 8

900 g / 2 lb conopidă, feliată
350g / 12oz cartofi făinoase, curățați și tăiați cuburi
250 ml / 8 fl oz de apă
15–25 g / ½ – 1 oz unt sau margarină
50–120 ml / 2–4 fl oz lapte semi-degresat, cald
1–1½ linguriță de semințe de chimen sau de fenicul zdrobite
sare si piper negru proaspat macinat, dupa gust

Combinați conopida, cartofii și apa în aragazul lent. Acoperiți și gătiți la foc mare până când legumele sunt foarte fragede, aproximativ 3 ore. Scurgeți bine. Procesați conopida și cartofii într-un robot de bucătărie sau blender până la omogenizare. Reveniți la aragazul lent. Gatiti la foc iute, neacoperit, pana cand amestecul este foarte gros, aproximativ 30 de minute, amestecand din cand in cand. Bateți untul sau margarina și suficient lapte în amestec pentru a obține o consistență cremoasă. Adăugați semințele de fenicul sau de chimen. Se asezoneaza dupa gust cu sare si piper.

piure de țelină

Țelina este cunoscută și ca rădăcină de țelină.

Serve de la 6 la 8

900g / 2lb țelină, feliată
350g / 12oz cartofi făinoase, curățați și tăiați cuburi
250 ml / 8 fl oz de apă
15–25 g / ½ – 1 oz unt sau margarină
50–120 ml / 2–4 fl oz lapte semi-degresat, cald
sare si piper negru proaspat macinat, dupa gust

Combinați țelina, cartofii și apa în aragazul lent. Acoperiți și gătiți la foc mare până când legumele sunt foarte fragede, aproximativ 3 ore. Scurgeți bine. Procesați țelina și cartofii într-un robot de bucătărie sau blender până la omogenizare. Reveniți la aragazul lent. Gatiti la foc iute, neacoperit, pana cand amestecul este foarte gros, aproximativ 30 de minute, amestecand din cand in cand. Bateți untul sau margarina și suficient lapte în amestec pentru a obține o consistență cremoasă. Se asezoneaza dupa gust cu sare si piper.

Piure de broccoli cu ierburi

Pregătiți broccoli separându-l în buchețele și apoi tăind tulpinile mai dure în bucăți scurte.

Serve de la 6 la 8

900g / 2lb broccoli, feliat
350g / 12oz cartofi făinoase, curățați și tăiați cuburi
250 ml / 8 fl oz de apă
15–25 g / ½ – 1 oz unt sau margarină
50–120 ml / 2–4 fl oz lapte semi-degresat, cald
½ linguriță maghiran uscat
½ linguriță de cimbru uscat
sare si piper negru proaspat macinat, dupa gust

Combinați broccoli, cartofii și apa în aragazul lent. Acoperiți și gătiți la foc mare până când legumele sunt foarte fragede, aproximativ 3 ore. Scurgeți bine. Procesați broccoli și cartofii într-un robot de bucătărie sau blender până la omogenizare. Reveniți la aragazul lent. Gatiti la foc iute, neacoperit, pana cand amestecul este foarte gros, aproximativ 30 de minute, amestecand din cand in cand. Bateți untul sau margarina și suficient lapte în amestec pentru a obține o consistență cremoasă. Adauga maghiranul si cimbrul. Se asezoneaza dupa gust cu sare si piper.

Morcovi baby glazurati portocalii

O glazura picanta pentru morcovi face o schimbare frumoasa. De asemenea, este delicios cu cartofi dulci sau sfeclă.

pentru 4 persoane

450 g / 1 lb morcovi pentru copii
175 ml / 6 fl oz suc de portocale
15 g / ½ oz unt
100 g / 4 oz zahăr brun deschis
½ lingurita de scortisoara macinata
¼ linguriță buzdugan măcinat
2 linguri de porumb
50 ml / 2 fl oz de apă
sare si piper alb, dupa gust

Combinați toate ingredientele, cu excepția făinii de porumb, apă, sare și piper alb, în aragazul lent. Acoperiți și gătiți la foc mare până când morcovii sunt fragezi, aproximativ 3 ore. Dați focul la mare și gătiți timp de 10 minute. Adăugați făina de porumb combinată și apă, amestecând timp de 2-3 minute. Se asezoneaza dupa gust cu sare si piper.

www.ingramcontent.com/pod-product-compliance
Lightning Source LLC
Chambersburg PA
CBHW071237080526
44587CB00013BA/1654